Manfred Czierwitzki

Positives Denken gezielt einsetzen und sein Leben verändern

Manfred Czierwitzki

Positives Denken gezielt einsetzen und sein Leben verändern

Das POSITIV-System
Mit einem Vorwort
von Erhard F. Freitag

6. Auflage

Die Deutsche Bibliothek – CIP-Einheitsaufnahme

Czierwitzki, Manfred:
Positives Denken gezielt einsetzen und sein Leben verändern :
das Positiv-System / Manfred Czierwitzki. – Mit einem Vorw.
von Erhard F. Freitag. – 6. Aufl. – München ; Landsberg am
Lech : mvg-verl., 1995
   (mvg-Paperbacks ; 312)
   ISBN 3-478-03120-6
NE: GT

Das Papier dieses Taschenbuchs wird möglichst umweltschonend hergestellt und enthält keine optischen Aufheller.

1. Auflage 1987
2. Auflage 1987
3. Auflage 1989
4. Auflage 1991
5. Auflage 1993
6. Auflage 1995

© mvg-verlag im verlag moderne industrie AG, München/Landsberg am Lech

Alle Rechte, insbesondere das Recht der Vervielfältigung und Verbreitung sowie der Übersetzung, vorbehalten. Kein Teil des Werkes darf in irgendeiner Form (durch Fotokopie, Mikrofilm oder ein anderes Verfahren) ohne schriftliche Genehmigung des Verlages reproduziert oder unter Verwendung elektronischer Systeme gespeichert, verarbeitet, vervielfältigt oder verbreitet werden.

Umschlaggestaltung: Gruber & König
Druck- und Bindearbeiten: Presse-Druck Augsburg
Printed in Germany 030 120/395 602
ISBN 3-478-03120-6

Für Ulrike

Inhalt

Vorwort 9

Einleitung 11

Teil 1

Was bedeutet »positiv denken«? 15

Ursprung der Lehre 21

Begründer und wichtige Lehrer 23

Grundlagen des positiven Denkens
Eine Einführung in die Methode 27

Die wichtigsten Negativ-Fallen im Alltag 33

Was ändert sich durch positives Denken im Privatleben? 43

Was ändert sich durch positives Denken im Berufsleben? 47

Was positives Denken nicht leisten kann 53

Was verhilft uns zu mehr Erfolg beim positiven Denken im Alltag? 57

Teil 2
Das POSITIV-System 59

Wie sieht das POSITIV-System aus? 61

Was bedeuten die sieben Punkte des POSITIV-Systems? Ein Überblick 64

P = **Persönliche Verantwortung**
- Was bedeutet dieser Punkt? 67
- In welchem Verhältnis steht die *persönliche Verantwortung* zu den anderen sechs Punkten? 68

O = **Offene Kommunikation**
- Was bedeutet dieser Punkt? 71
- In welchem Verhältnis steht die *offene Kommunikation* zu den anderen sechs Punkten? 72

S = **Sorgfältige Zielformulierung**
- Was bedeutet dieser Punkt? 75
- In welchem Verhältnis steht die *sorgfältige Zielformulierung* zu den anderen sechs Punkten? 76

I = **Imagination und Fantasie**
- Was bedeutet dieser Punkt? 79
- In welchem Verhältnis stehen die *Imagination und Fantasie* zu den anderen sechs Punkten? 80

T = **Tatkraft und Ausdauer**
- Was bedeutet dieser Punkt? 83
- In welchem Verhältnis stehen *Tatkraft und Ausdauer* zu den anderen sechs Punkten? 84

I = **Im Jetzt leben**
- Was bedeutet dieser Punkt? 87
- In welchem Verhältnis steht das *Im-Jetzt-Leben* zu den anderen sechs Punkten? 88

V = **Völliges Vertrauen**
- Was bedeutet dieser Punkt? 91
- In welchem Verhältnis steht *völliges Vertrauen* zu den anderen sechs Punkten? 92

Teil 3
Checklisten 95

Checkliste 0 : Das POSITIV-System 97

Checkliste 1 : Persönliche Verantwortung 98

Checkliste 2 : Offene Kommunikation 99

Checkliste 3 : Sorgfältige Zielformulierung 100

Checkliste 4 : Imagination und Fantasie 101

Checkliste 5 : Tatkraft und Ausdauer 102

Checkliste 6 : Im Jetzt leben 103

Checkliste 7 : Völliges Vertrauen 104

Wie soll man mit dem POSITIV-System arbeiten? 105

Anhang 107

Literaturempfehlungen 108

Kontaktadressen 111

Vorwort

Mit diesem Buch halten Sie einen ausgezeichneten praktischen Leitfaden in Ihren Händen, wie Sie Ihr Leben von Grund auf ändern können. Jeder Mensch, also auch Sie, hat von Geburt an die Möglichkeit, ein glückliches, gesundes und erfolgreiches Leben zu führen. Uns allen ist es gegeben, unser Dasein im Einklang mit unseren innersten Wünschen und Bedürfnissen zu gestalten.

Der Schlüssel dazu liegt nicht, wie wir häufig meinen, in den materiellen Voraussetzungen und Bedingungen unserer äußeren Welt, sondern wir halten diesen Schlüssel schon immer in unseren Händen, ohne uns dessen bewußt zu sein. Oft sitzen wir deshalb wie Könige in Bettlergestalt auf einer gefüllten Schatztruhe, hadern mit unserem Schicksal und bitten die Vorübergehenden um Almosen. Sobald Sie sich auf dem Weg, der Ihnen auf den folgenden Seiten aufgezeigt wird, mit den Gesetzen und den geistigen Kräften Ihres Bewußtseins vertraut gemacht haben, die Ihr Dasein bestimmen, werden Sie Ihrer ursprünglichen, königlichen Gestalt innewerden wie des inneren Reichtums, der in Ihnen wie in jedem Menschen ruht.

Dieser Reichtum besteht in dem inneren Einklang Ihres Wesens mit dem Ganzen der Schöpfung und ihren Gesetzen. Sie brauchen nur auf diesen Einklang zu hören und der Existenz zu vertrauen – Sie sind ihr Geschöpf, und sie wird für Sie sorgen. Was immer Sie brauchen, um in Ihrem Leben glücklich und zufrieden, gesund und erfolgreich zu sein, das Leben hält es für Sie bereit.

Viele Einsichten in die Gesetze des positiven Denkens finden sich bereits im östlichen Denken. Dabei verstehe ich den Osten nicht so sehr als geographischen Begriff, sondern als eine geistige Orientierung, dem Sonnenaufgang, dem Licht entgegen. In den Upanishaden, einer der großen religiösen Schriften des Ostens, heißt es:

»Was in uns ist, ist auch außerhalb,
was außerhalb ist, ist auch in uns.«

Wenn es uns also gelingt, unsere inneren Wesenskräfte zu läutern und zu harmonisieren, so können wir diese Zeilen verstehen, wird auch unser äußeres Leben die Farben der Harmonie annehmen. Davon können wir uns leicht überzeugen: Wir werden keinen innerlich zufriedenen und glücklichen Menschen finden, dessen äußeres Leben von Unglück und Disharmonie gekennzeichnet ist, sowie keinen innerlich zerrissenen und unglücklichen Menschen, dessen Leben äußerlich harmonisch und erfolgreich verläuft. Was können wir aus dieser Beobachtung lernen?

Das Leben liest gewissermaßen unsere Gedanken, es richtet sich nach den geistigen Bildern und Vorstellungen, die wir ihm laufend übermitteln, und antwortet darauf. Sobald unsere Gedanken und Vorstellungen von negativen Inhalten geprägt sind, wird das Leben nicht zögern, diese für uns zu verwirklichen. Was immer uns an Leid und Mißerfolg widerfährt, muß zuvor in unseren Gedanken angelegt gewesen sein, unser Denken muß darum gekreist haben, vielleicht ohne daß wir uns dessen bewußt waren.

Beobachten Sie es selbst einmal: Ein großer Teil unseres Denkens geschieht unbewußt. Die Gedanken kommen und gehen, wie sie gerade wollen. Sie ergreifen Besitz von uns, ohne daß wir sie darum gebeten hätten. Und es sind nicht immer die lichtvollsten, die uns die »Suppe einbrocken«, die wir hinterher auslöffeln dürfen.

»Wir sind, was wir denken.
Alles, was wir sind, entsteht mit unseren Gedanken.
Mit unseren Gedanken machen wir die Welt.«

In diesen Worten drückt Buddha, einer der großen Weisen, die die Menschheit immer wieder hervorgebracht hat, die tiefe Einsicht aus, daß wir selbst die Ursache von allem sind, was uns im Leben widerfährt, im guten wie im schlechten. Unsere Gedanken sind der Rohstoff, aus dem wir unser Leben gestalten. Dafür sollte uns eigentlich das Beste gerade gut genug sein.

Wählen Sie also die Gedanken, die Sie sich zu eigen machen, mit großer Liebe und Sorgfalt aus! Das ist die Botschaft des positiven Denkens. Dieses Buch wird Sie dabei ein Stück begleiten, wird Ihnen Hilfe und Anregungen geben. In Manfred Czierwitzki haben Sie einen erfahrenen Weggefährten, der sich seit über zwanzig Jahren mit dem positiven Denken und dem unendlichen Potential an Liebe, das in uns allen liegt, beschäftigt.

Ich wünsche Ihnen die Erfüllung all dessen, was Sie sich vorstellen, wünsche Ihnen Gelassenheit und ein friedvolles, erfülltes Leben in Harmonie und Liebe.

München *Erhard F. Freitag*

> Es gibt nichts Gutes,
> außer man tut es!

Einleitung

Seit zwanzig Jahren beschäftige ich mich mit der vorhandenen Literatur über positives Denken. Ich habe Hunderte von Büchern gelesen und an vielen Kursen und Seminaren über Bewußtseinserweiterung teilgenommen, und, weil es mir relativ leichtfällt, etwas Gelesenes in meine persönliche Praxis zu übertragen, konnte ich im Laufe der Jahre immer mehr Erfolge bei der praktischen Anwendung des positiven Denkens im täglichen Leben erzielen.

Durch mein jahrelanges Studium bin ich mit vielen anderen Menschen in Berührung gekommen, die wie ich nach dem Verständnis der grundlegenden geistigen Gesetze suchten. Was mir dabei schon früh aufgefallen war, ist folgendes:

Viele Menschen verwechseln die Wege mit dem Ziel!

Sehr oft habe ich festgestellt, daß die Suchenden sich kurze Zeit intensiv mit einer bestimmten Methode beschäftigen, um dann, wenn sie glauben, sie verstanden zu haben, sofort zu einer anderen, neuen Methode überzugehen.

Viele geistig interessierte Menschen sind vergleichbar mit Schmetterlingen. Sie flattern von einer Methode zur nächsten, ohne jemals bei einer Methode des positiven Denkens zu bleiben und diese über einen längeren Zeitraum in der Praxis zu erproben.

Bei Menschen, die sich besonders mit der »Esoterik« und der »Spiritualität« beschäftigen, konnte ich außerdem häufig eine eher wachsende Verzettelung im Alltag beobachten. Dies ist um so verwunderlicher, als die zunehmende Kenntnis über die tieferen Zusammenhänge doch eigentlich zu einer ständig wachsenden Fähigkeit führen sollte, das Leben aus einer höheren Warte – in Harmonie und Gelassenheit – zu leben.

Nachdem ich meine Beobachtungen einige Jahre fortgesetzt hatte, erkannte ich immer klarer, wo die Ursache dieser Entwicklung lag:

Die Menschen betreiben die Auseinandersetzung mit den geistigen Gesetzen als eine Sache und betrachten ihr tägliches Leben als eine andere!

Sie begreifen oft gar nicht den Zusammenhang zwischen dem, was sie gerade gelesen oder gelernt haben, und der Lebenssituation, in der sie sich gerade befinden.

Sehr viele Menschen fühlen sich überfordert, wenn sie aus der Fülle der vorhandenen Literatur und den vielen, sich teilweise widersprechenden Lehren, das für sie selbst Richtige herausfinden sollen. Und wer die Literatur über positives Denken und Bewußtseinserweiterung liest, kann durchaus verwirrt werden, insbesondere, wenn er sich von Lehren beeindrucken läßt, die das jetzige Leben nur als niedere Existenzform ansehen: Lehren, die den Menschen überzeugen wollen, daß dieses Leben zur Aufarbeitung einer KARMA (Schuld) dient oder Lehren, die ihn dazu anhalten, sich in diesem Leben schwerpunktmäßig mit den Fragen eines Lebens nach dem Tode zu beschäftigen oder sich auf eine bessere Existenz nach dem Tode vorzubereiten.

Als Praktiker, der sich mitten in diesem Leben befindet, habe ich die Erkenntnis gewonnen, daß es heute in erster Linie darauf ankommt, die geistigen Prinzipien im jetzt stattfindenden Leben so gut wie möglich anzuwenden. Alle Informationen über die Kraft der Gedanken und über den möglichen Einsatz geistig-seelischer Kräfte sollten wir darauf verwenden, unser heutiges Leben positiver, harmonischer und erfolgreicher zu gestalten.

Im Laufe der Jahre war bei mir der Wunsch aufgekommen, einen Beitrag zum größeren Verständnis der Zusammenhänge über positives Denken und die Dimensionen unseres Bewußtseins zu leisten. Dieses Buch stellt das erste Ergebnis dieser Gedanken dar. Es soll das Verständnis für die wirklich wichtigen Zusammenhänge verbessern helfen. Das hier vorgestellte POSITIV-System wurde von mir entwickelt, um den Menschen, die von der Fülle der Informationen überwältigt sind und den »Wald vor lauter Bäumen nicht mehr sehen« können, eine Richtschnur zu geben, was zu einer erfolgreichen Anwendung des positiven Denkens im Alltag gehört und welche Bereiche beachtet werden müssen, um ein erfolgreiches Leben aus dem Geiste zu führen.

Die dargestellten Prinzipien werden im von mir gegründeten POSITIV-CENTRUM gelehrt. Ich selbst arbeite seit Jahren mit dieser Methode, und ich kann sie allen Lesern nur empfehlen. Sie ist sowohl im persönlichen und privaten Bereich als auch im beruflichen und geschäftlichen Leben von großer Bedeutung.

Wenn Sie die Prinzipien des positiven Denkens anwenden, können auch Sie Ihren Erfolg in Harmonie außerordentlich steigern. Aber: Es gibt nichts Gutes, außer man tut es – genauso ist es auch hier!

Sie werden den Erfolg erreichen, wenn Sie sich anhand dieses Leitfadens ehrlich, ohne Selbstbetrug kontrollieren und leiten.

Fangen Sie an, wenden Sie Ihr Leben zum Positiven um. Bereits jetzt können Sie ein von Harmonie, Erfolg, Glück, Wohlstand und Gesundheit erfülltes Leben leben.

Bremen *Manfred Czierwitzki*

Teil 1

Was bedeutet »positiv denken?«

> Positiv denken bedeutet, im Wissen um die Macht der Gedanken, in jeder Lebenssituation, die eigenen Gedanken und Gefühle immer auf das gewünschte Ergebnis zu konzentrieren!

Was bedeutet »positiv denken«?

Obwohl es Hunderte hochqualifizierter Bücher über positives Denken gibt, ist es sehr schwierig, auf die Frage »Was bedeutet positives Denken?« eine klare Antwort zu bekommen.

Diese Tatsache ist ein weiterer Beweis dafür, daß wir dazu neigen, alles zu komplizieren und manchmal nicht einmal mehr das Wesentliche wiedererkennen können!

Die amerikanische Methode, einer Lehre dadurch Glaubwürdigkeit zu verleihen, indem der Autor das Buch vom Anfang bis zum Schluß mit hunderten von Beispielen für den Erfolg durch positives Denken füllt, macht es dem Leser noch schwerer, das für ihn Wichtige herauszulesen.

Meine Anleitung zum positiven Denken verzichtet auf diese Beispiele der erfolgreichen Anwendung durch andere Menschen. Schließlich geht es darum, dieses Wissen im eigenen Leben anzuwenden. Wenn Sie Beispiele lesen möchten, wie andere Menschen sich die Fähigkeit aneigneten, positiv zu denken, dann empfehle ich die vorhandene Literatur.

Zusammenfassend möchte ich nur soviel sagen, daß die Lehre des positiven Denkens auf der Erkenntnis basiert, daß unser ganzes Denken von *innen nach außen* wirkt. Die Ereignisse und Umstände, die in unser Leben treten, werden im wesentlichen durch unsere eigenen innersten Gedanken und Gefühle bestimmt. Die Kombination aus unseren Gedanken und Gefühlen ist unser *Glaube*. Dieser Glaube kann alles verwirklichen!

Im Grunde müßte die Lehre des positiven Denkens als Lehre vom positiven Glauben bezeichnet werden, doch wegen der religiösen Besetzung des Wortes Glauben ziehe ich die Bezeichnung positives Denken vor.

Nach jahrtausendealten Erkenntnissen werden unser Lebenslauf und unsere persönliche Entwicklung in erster Linie von unseren tief in uns verankerten Glaubenssätzen oder auch Vorurteilen gesteuert wie zum Beispiel:

»Ich bin meinen Lebensumständen hilflos ausgeliefert!«

»Die Menschen sind von Natur aus schlecht und versuchen ständig, mich zu schädigen!«
»Ich bin machtlos, weil meine Persönlichkeit im Kindesalter geprägt wurde und ich heute nichts mehr daran ändern kann!«
Von noch persönlicherer Natur sind fest eingefahrene Meinungen wie:
»Ich bin kränklich und war es schon immer!«
»Ich bin nicht kreativ und habe keine Fantasie!«
»Leute, die Geld haben, sind habgierig und weniger spirituell entwickelt, als solche die arm sind!«

Diese Beispiele könnten wir unendlich fortsetzen. Sie haben jedoch alle eines gemeinsam: Sie stimmen nur so lange mit der Wirklichkeit überein, wie man innerlich an ihnen festhält. Alle diese vorgefertigten Überzeugungen sind nur so lange von Bedeutung, *wie man sie akzeptiert*. In dem Augenblick, wo man bereit ist, sie aufzugeben, haben sie keine Kraft mehr.

Diese Erkenntnis ist *grundlegend* für das Verständnis der Lehre des positiven Denkens. Wenn wir begreifen, daß alle unsere innersten Meinungen nur so lange eine Kraft darstellen, wie wir sie uns erhalten, so ist doch die Frage interessant, wie solche vorgefertigten Glaubenssätze überhaupt entstehen und – als nächster Schritt – wie sie wieder gelöscht werden können.

Nehmen wir als Beispiel einmal den Glaubenssatz: »Ich bin ein Versager!«:

Wenn ein Kind in den ersten Lebensjahren ständig von seinen Eltern oder anderen Bezugspersonen wie Lehrern oder Erziehern bevormundet und negativ bewertet wird, so fließen diese Bewertungen ohne Widerstand in sein eigenes Unterbewußtsein ein.

Im Unterbewußtsein dieses Kindes entwickelt sich dann die Überzeugung: »Ich kann nichts!«, »Ich mache alles falsch!«, »Ich bin zu nichts zu gebrauchen!«, »Ich bin nicht so gut wie die anderen Kinder!«.

In diesen vorgefertigten Meinungen liegt der Kern des Glaubenssatzes »Ich bin ein Versager!«. Später, wenn das Kind älter und bereits erwachsen ist, wirkt dieses Programm noch immer weiter. Da es sich im *Unter*bewußtsein befindet, sind wir uns nicht bewußt, daß das gegenwärtig vorherrschende Gefühl, ein Versager zu sein, gar nichts mit der wirklichen, heutigen Lebenssituation zu tun hat. Um das verstehen zu können, muß man sich grundlegend mit dem Zusammenwirken zwischen Bewußtsein und Unterbewußtsein befassen.

Das Wichtigste hierzu ist: Das Unterbewußtsein des Menschen speichert *alles*, was dieser in seinem Leben bisher gedacht und gefühlt, also geglaubt hat! Alle Gedanken und Gefühle finden im *Bewußtsein* statt. Aufgabe des Bewußtseins ist, zu entscheiden, ob ein Gedanke oder Gefühl *wahr* ist oder nicht.

Die vom *Bewußtsein* als wahr angesehenen Gedanken und Gefühle werden dem *Unterbewußtsein* als tief verwurzelte, persönliche Glaubensüberzeugungen eingeprägt, und dort, wo vorher *nichts* war, steht jetzt das *selbst*programmierte »Ich bin ein Versager!«

Stellen Sie sich das Zusammenwirken zwischen Bewußtsein und Unterbewußtsein bitte so vor:

Das Unterbewußtsein ist ein reines, unbeflecktes Tuch. Das Bewußtsein ist der Farbstift, der Flecken und Bilder in das bis dahin saubere Tuch zeichnet. Wie eine Leinwand nicht prüft, ob der Pinsel des Malers ein richtiges Bild malt, genauso kann das Unterbewußtsein des Menschen nicht kontrollieren, ob das Bewußtsein die Sachlage richtig beurteilt. Es muß das eingeprägte Bild des Bewußtseins wiedergeben, genau wie die Leinwand das gemalte Bild wiedergeben muß.

Womit schreibt nun das Bewußtsein auf die unbefleckte Struktur des Unterbewußtseins? Alles, was ins Unterbewußtsein geschrieben wird, wird durch *unsere eigenen* Gedanken und Gefühle geschrieben! Niemand anders außer uns hat direkten Zugriff auf unser Unterbewußtsein. Und hier setzt auch die wesentliche Erkenntnis des positiven Denkens ein:

Wenn ich von den im Unterbewußtsein gespeicherten Glaubensprogrammen gesteuert werde, und wenn das einzige, was diese Programme in mein Unterbewußtsein eingeben können, mein eigenes Bewußtsein ist, dann kann ich durch Kontrolle meines Bewußtseinsinhaltes meine Gegenwart und Zukunft genau nach meinen eigenen Wünschen lenken und steuern. Wenn ich dieses verstanden habe, dann ist der Rest eine Kleinigkeit!

Ich denke ab sofort nur noch das, was ich erleben möchte!

Hinderliche Glaubensprogramme der Vergangenheit und liegt sie auch noch so weit zurück, löse ich ganz einfach auf, indem ich ab sofort anders darüber denke! In allen neu auf mich zukommenden Lebenssituationen schaue ich konsequent nur auf das Positive und auf die *Möglichkeiten,* die darin verborgen sind!

Die negativen Beurteilungen anderer Menschen lasse ich nicht mehr in mein innerstes Denken und Fühlen einziehen, sondern ich halte meine Gedanken und Gefühle immer im positiven Bereich! Von nun an sorge ich dafür, daß in meinem Unterbewußtsein nur noch positive Programme neu verankert werden können!

Sie sehen, die Methode des positiven Denkens ist ganz einfach, die Schwierigkeiten liegen anderswo: in der praktischen Anwendung dieser Methode auf die Höhen und Tiefen des täglichen Lebens! Das POSITIV-System ist geeignet, diese Schwierigkeiten erfolgreich zu überwinden!

Bevor wir zum POSITIV-System kommen, wollen wir uns hier – zum besseren Verständnis – noch mit einigen wesentlichen Grundlagen des positiven Denkens auseinandersetzen.

Ich fasse mich in diesem Buch bewußt kurz, um Ihnen die meiner Meinung nach wirklich wichtigen Fakten direkt zu vermitteln. Weitere Informationen über positives Denken lesen Sie bitte in der Literaturempfehlung am Ende des Buches nach.

Die von mir im folgenden erwähnten Autoren und Literaturhinweise erheben keinen Anspruch auf Vollständigkeit. Sie sind ein Ausschnitt aus der umfassenden heute verfügbaren Literatur. Dennoch bieten sie ausreichend Einsicht in die Philosophie und Praxis des positiven Denkens.

Sollte ich in dieser Auswahl einen Autor oder ein Werk, die Ihnen viel gegeben haben, nicht erwähnt haben, so vertrauen Sie bitte ruhig Ihrem eigenen inneren Urteil.

> »Des Menschen Dienerschar
> ist größer, als er denkt.«
> Ralph Waldo Emerson

Ursprung der Lehre

Man kann sagen, daß die Weisen zu allen Zeiten der Weltgeschichte um die Kraft der Gedanken gewußt haben. Viele überlieferte Aussprüche alter Meister, seien es die Griechen, die Römer, die Chinesen oder Angehörige anderer Volksstämme, weisen deutlich auf die tiefe Kenntnis der Zusammenhänge bei diesen Persönlichkeiten hin. Ebenso können wir die Begründer der Weltreligionen zu den Urvätern der Lehre des Lebens aus dem Geiste zählen, wenn wir berücksichtigen, daß die Religionen ihren Schwerpunkt bei der Wahrheitsvermittlung anderswo setzen.

Wenn wir zu den Ursprüngen der Neuzeit kommen, so stellen wir fest, daß das positive Denken neuerer Prägung wie so viele Dinge, die das Leben in Europa und der ganzen Welt stark beeinflußt haben, aus Amerika kommt. Diese neueren Ursprünge gehen zurück auf Ralph Waldo Emerson, der bereits vor über zweihundert Jahren in Essays und Artikeln über die Kraft der Gedanken schrieb und als Begründer der sogenannten *Neugeist*-Bewegung gilt. Er war einer der ersten Schriftsteller, die immer wieder auf die unendliche Dimension des menschlichen Bewußtseins hinwiesen.

Zu den Schülern der Lehre Emersons am Ende des 19. Jahrhunderts gehört der Amerikaner Prentice Mulford, dessen Bücher auch heute noch angeboten werden. Oft zitiert wird auch der amerikanische Psychologie-Professor William James.

In diesem Jahrhundert wurde die Lehre des positiven Denkens innerhalb kurzer Zeit – nicht zuletzt durch die neuen Kommunikationsmedien und das Entstehen der Informationsgesellschaft – in den USA und weltweit bekannt.

Überall auf der Welt gibt es stark wachsende Gruppierungen, die sich mit dem positiven Denken und verwandten Gebieten befassen. Unabhängig voneinander und parallel zueinander traten neue, bedeutende geistige Lehrer mit weiteren wesentlichen Erkenntnissen zum positiven Denken hervor, die sie in ihren Werken an interessierte Menschen weitergeben.

Ursprung der Lante

> »Das Leben eines Menschen ist das,
> was seine Gedanken
> daraus machen.«
> Marc Aurel

Begründer und wichtige Lehrer

Wenn wir von den Begründern der Lehre des positiven Denkens in diesem Jahrhundert ausgehen, so ist hier an erster Stelle als wohl bekanntester Autor *Dr. Joseph Murphy* zu nennen.

Dr. Joseph Murphy gestaltete als erster in den USA eigene tägliche Rundfunk- und Fernsehsendungen über die Selbstvervollkommnung des Menschen und verwandte Gebiete. Er hatte Millionen von Zuhörern und Zuschauern, die wesentlich zur Verbreitung des Wissens um die Macht der Gedanken beitrugen. Dr. Murphy schrieb fünfundzwanzig Bücher über das positive Denken; sein wohl bekanntestes Werk ist *»Die Macht Ihres Unterbewußtseins«*. Seit seiner Veröffentlichung 1962 erreichte es weltweit Auflagen von vielen Millionen, und auch im deutschsprachigen Raum wurde es in mehreren hunderttausend Exemplaren verkauft.

Weitere wichtige Vertreter des positiven Denkens sind:

Norman Vincent Peale
Der Autor des Buches *»Die Kraft positiven Denkens«* (Erstveröffentlichung 1952) und vieler weiterer Bücher über dieses Thema ist Seelsorger an einer der größten Kirchen New Yorks und betreut eine der größten Organisationen positiv denkender Menschen auf der ganzen Welt.

Napoleon Hill
Er ist der Verfasser des Erfolgsbuches *»Denke nach und werde reich«*, das in den vierziger Jahren erschien und allein in den USA eine Auflage von über 14 Millionen Exemplaren erreichte. Über einen Zeitraum von 25 Jahren hatte Napoleon Hill die führenden 500 Selfmade-Millionäre der USA jener Zeit interviewt, wobei er feststellte, daß es das positive Denken war, was diese Menschen so erfolgreich gemacht hatte. 1960 erschien das zusammen mit *W. Clement Stone* geschriebene Buch *»Erfolg durch positives Denken«*, in dem nochmals die Prinzipien geschäftlicher Erfolge durch positive Geisteshaltung beschrieben werden. W. Clement Stone selbst ist ein Beispiel dafür, daß die positive Einstellung in engem Zusammenhang

mit dem Geschäftserfolg steht: Aus hundert Dollar Startkapital machte er ein Vermögen von bis heute über zweihundert Millionen Dollar.

Dale Carnegie
schrieb das 1949 erschienene Buch »*Sorge Dich nicht – lebe!*« und zählt ebenfalls zu den Autoren, die Grundlegendes über die Bedeutung der eigenen Gedanken zur Bewältigung von Lebensproblemen schrieben und gleichzeitig in ihren Kursen lehrten. Sein Buch gehört zu den besten Selbsthilfebüchern überhaupt.

Mir persönlich gefällt auch besonders *Dr. Emmet Fox,* Autor des Buches »*Macht durch positives Denken*«. Er ist in den USA ein sehr bekannter und populärer Redner zum Themenbereich positives Denken und versteht es hervorragend, das Wissen der Bibel in unsere heutige Sprache umzusetzen und deutlich zu machen, daß auch die Bibel einen hohen Aussagewert zum positiven Denken besitzt.

Außerhalb den USA möchte ich nennen:

Emil Coué Der französische Apotheker arbeitete um die Jahrhundertwende als Heilkundiger. In seinem Buch »*Die Selbstbemeisterung durch bewußte Autosuggestion*«, welches in einer Auflage von über 250 000 Exemplaren im deutschsprachigen Raum verkauft wurde, beschreibt er bereits damals die später von Murphy und anderen weiter verfeinerte Form der Beeinflussung des Unterbewußtseins durch bewußte Autosuggestion.

Masahara Taniguchi Der Japaner Taniguchi schrieb mehr als zweihundert Bücher über die Macht des Geistes und deren Bedeutung zur Erreichung vollkommener Gesundheit, Harmonie und innerer Erfüllung. Er gründete und leitete in Japan die »Seicho-No-Ie«-Organisation. Ihr gehören über zweitausend Gruppen mit ungefähr sechs Millionen Mitgliedern an. Besonders zu erwähnen ist sein Buch »*Leben aus dem Geiste*«.

Paramahansa Yogananda Als erster Yogi beschreibt der Inder Yogananda in seinem Buch »*Autobiographie eines Yogi*« selbst seinen Lebensweg. Er brachte seit den frühen fünfziger Jahren das fernöstliche Wissen über die geistigen Gesetze nach Amerika und in die westliche Welt und hat im Westen wesentliche Impulse für den Fortschritt im Wissensbereich über die geistigen Gesetze gegeben.

Wichtige Lehrer des positiven Denkens und verwandter Gebiete der Gegenwart:

Roy Eugene Davis, USA, Autor vieler Bücher wie zum Beispiel »So kannst Du Deine Träume verwirklichen – die Technik der schöpferischen Imagination«; er ist Schüler von Paramahansa Yogananda und Leiter einer Organisation, die auch im deutschsprachigen Raum vertreten ist.

Catherine Ponder, USA, Autorin zahlreicher Bücher, darunter »*Das Wohlstandsgeheimnis aller Zeiten*«; sie ist eine der führenden Repräsentanten der UNITY-Bewegung, die sich durch ihre äußerst praxisnahen Ratschläge zu mehr Lebenserfolg auszeichnet.

Robert Schuller, USA, bekanntester »Fernsehpfarrer« der USA; zu seinen Erfolgsbüchern zählt, neben vielen anderen, »*Harte Zeiten – Sie stehen sie durch!*« oder »*Der Weg zur inneren Ruhe*«. Er ist einer der großen »Möglichkeitsdenker« unserer Zeit.

Dr. Wayne Dyer, USA, ist der in den letzten zehn Jahren erfolgreichste amerikanische Vertreter des positiven Denkens und meistgelesener Autor von Selbsthilfebüchern. In Tausenden von Fernsehsendungen und Reden stellte er das von ihm für jeden einzelnen angestrebte Ideal bereits vor: sich zu einem Menschen zu entwickeln, der sich selbst keine Grenzen auferlegt und der sein Leben frei von inneren Blockaden führt.

Raymond Hull, Kanada, gibt in seinem Buch »*Alles ist erreichbar*« praktische Ratschläge, wie man positives Denken im Alltag trainiert und das Unterbewußtsein im Hinblick auf seine Ziele bewußt beeinflußt.

José Silva, Südamerika: Er schrieb das Buch »*SILVA-Mind-Control*«, in dem er seine Methode zur bewußten Nutzung der eigenen geistigen Möglichkeiten darlegt. Seine Kurse und Seminare wurden bereits von einigen Millionen Menschen auf der ganzen Welt besucht.

Shakti Gawain, USA, hat mit dem Buch »*Stell Dir vor*« einen erheblichen Beitrag zur Verbreitung des zum positiven Denken gehörenden Visualisierungstrainings geleistet.

Erhard F. Freitag, BRD, ist ein Schüler Murphys und der bedeutendste deutschsprachige Autor zum positiven Denken. Seine Bücher »*Kraftzentrale Unterbewußtsein*« und »*Hilfe aus dem Unbewußten*« sind bereits über sechshunderttausendmal verkauft – ein wesentlicher Beitrag zur Verbreitung des positiven Denkens. Vielen Menschen haben sie geholfen, ihre Lebensprobleme zu lösen.

Kurt Tepperwein, BRF, hat unter anderem die Bücher »*Geistheilung durch sich selbst*« und »*Kraftquelle Mentaltraining*« geschrieben. Insbesondere das von ihm entwickelte Mentaltraining enthält eine Fülle von Übungen, die den Erfolg des positiven Denkens unterstützen können.

Jane Roberts, USA, und ihre *Seth-Bücher,* haben mich besonders fasziniert, meinen geistigen Horizont erweitert. Sie enthalten eine Fülle faszinierender Gedanken über die Dimensionen unseres Bewußtseins und sind für alle Leser, die sich mit sogenannten »übersinnlichen« Themen befassen wollen, besonders interessant.

Soweit die bedeutendsten Lehrer und Autoren zum Thema positives Denken und dem weiten Feld der Bewußtseinserweiterung.

Nicht alle Autoren, die Bücher über dieses Thema schreiben, vermögen das Wesentliche vom Beiwerk zu unterscheiden. Eine ganze Reihe von Büchern können beim Leser leicht einen falschen Eindruck über die Lehre des positiven Denkens erzeugen, weil die beabsichtigte Erkenntnis oder Aussage in einer Anhäufung von Beispielen untergeht. Deshalb scheint es mir wichtig, das wirklich grundlegende Wissen zum positiven Denken einmal zusammenzufassen.

> »Der Mensch vermag jede Kraft des Universums an sich zu ziehen und zu lenken, indem er sich zum geeigneten Kanal macht, Verbindung mit ihr aufnimmt und die Voraussetzungen dafür schafft, daß die Natur dieser Kraft sie zwingt, durch ihn hindurchzufließen!«
>
> Roy E. Davis

Grundlagen des positiven Denkens – Eine Einführung in die Methode

Bei meinen Vorträgen und Seminaren werde ich oft gefragt, ob es nicht ein Buch gibt, in dem in wenigen Worten eine kurze Einführung in die Grundlagen des positiven Denkens für diejenigen gegeben wird, die sich zum ersten Mal mit dem positiven Denken befassen wollen. Im folgenden will ich daher versuchen, die Grundlagen des positiven Denkens und das typische Verhalten eines Positiv-Denkers in kurzer, leicht verständlicher Form darzulegen.

Die Lehre des positiven Denkens basiert auf der Erkenntnis, daß unsere Gedanken eine Kraft sind. Jeder Gedanke, den ein Mensch denkt, stellt eine Energie dar, die versucht, sich im Leben dieses Menschen zu materialisieren, zu verwirklichen.

Der Mensch denkt ungefähr fünfzigtausend verschiedene Gedanken pro Tag. Nicht jeder Gedanke ist so stark, daß er sich im Leben dieses Menschen verwirklichen kann. Hierzu kommt es auf die Intensität des Gedankens an: Viele verzettelte Gedanken bringen viele unfertige Ergebnisse, viele konzentrierte Gedanken bringen klare Erfolge. Wenn sich von den fünfzigtausend Gedanken zum Beispiel zehntausend mit einer ganz bestimmten Vorstellung beschäftigen, dann wird diese Vorstellung so stark energetisch aufgeladen, daß die Verwirklichung dieser Vorstellung erfolgt. Erfolg in diesem Sinne ist also das, was *er-folgt* als Ergebnis unserer eigenen Gedanken und Vorstellungen. Der Bibelsatz *»Das, was ich am meisten befürchtet habe, ist über mich gekommen«*, umreißt deutlich, was auf intensive Sorgen und Befürchtungen erfolgt.

Viele Menschen, die nicht an das positive Denken glauben, sind überraschenderweise gerne bereit zuzugeben, daß negatives Denken zu negativen Ergebnissen führt. Es ist jedoch immer dieselbe Kraft, die wir sowohl negativ als auch positiv einsetzen können. Auch wer nicht an die Kraft der Gedanken glaubt, setzt diese Kräfte, allerdings unbewußt, zur Steuerung seines Lebens ein. Die Aufladung unserer Gedanken mit kosmischer Energie findet also auch statt, wenn wir das positive Denken ablehnen. Wer mit diesen Gedanken-Energien nicht umgehen will, verzichtet darauf, durch den *bewußten* Einsatz des positiven Denkens mehr Harmonie und mehr Lebenserfolg zu erreichen, und muß statt dessen mit den Folgen seiner Alltagsgedankenwelt und ihren Auswirkungen leben.

Unser menschliches Bewußtsein besteht aus zwei Teilen: dem sogenannten *Tagesbewußtsein* und dem *Unterbewußtsein*. Das Tagesbewußtsein, in dem wir unsere Gedanken und Gefühle bewußt erleben, stellt nur die »Spitze des Eisberges« dar. Ungefähr neunzig Prozent unseres Bewußtseins sind unbewußt, stehen den meisten Menschen nicht bewußt zur Verfügung. Über diese neunzig Prozent des Bewußtseins sind jedoch alle Menschen miteinander verbunden (»kollektives Unterbewußtsein«). Sobald wir in diesem Teil ein (Denk-)Programm gespeichert haben, wird es gleichzeitig mit der Speicherung bei uns auch allen anderen Menschen gegenüber wirksam.

Ein Mensch, in dessen Unterbewußtsein das Programm »Keiner mag mich« abläuft, strahlt diese unbewußte Überzeugung aus, und unbewußt werden sich andere Menschen ihm gegenüber entsprechend verhalten. Dies liegt daran, weil wir unbewußt die im Unterbewußtsein gespeicherten Informationen mit anderen Menschen austauschen. Unterbewußtseinsprogramme wie »Ich bin arm«, »Ich bin wertlos«, »Ich bin kränklich«, »Ich bin ein Versager«, »Ich bin beruflich erfolglos«, »Ich schaffe das nicht« werden genauso wirksam wie zum Beispiel »Ich schaffe alles, was ich mir vornehme«, »Ich sehe attraktiv aus«, »Ich habe immer genug Geld«, »Ich bin gesund und fit«, »Ich bin erfolgreich in meinem Beruf«, »Ich bin selbstbewußt«. Es handelt sich hierbei nicht um »Zauberei« oder »Hokuspokus«, sondern diese inneren Glaubenssätze führen dazu, daß wir jene Menschen anziehen, die mit unseren eigenen Überzeugungen übereinstimmen, andere Menschen aber abstoßen, die nicht mit diesen Programmen harmonisieren. Außerdem wird unser eigenes Verhalten entsprechend unseren inneren Programmen, gesteuert und mit Energie verstärkt.

Demnach müssen wir folgende zwei Funktionen unseres Unterbewußtseins unterscheiden, wenn wir die Lehre des positiven Denkens verstehen wollen. Die erste Funktion besteht darin, daß das Unterbewußtsein ein Computer ist. Dieser Computer speichert alles, was wir denken und was wir uns vorstellen. Je stärker ein Gefühl ist, das diese Gedanken und Vorstellungen begleitet, um so intensiver ist der Eindruck, der im Unterbewußtsein zurückbleibt. Die zweite Funktion des Unterbewußtseins ist der schöpferische Aufgabenbereich: Jeden empfangenen und gespeicherten Gedanken, jede Vorstellung, jeden Wunsch und jede Angst oder Sorge verstärkt es mit kosmischer Energie.

Besonders wichtig ist in diesem Zusammenhang, daß unser Unterbewußtsein *unpersönlich* reagiert. Das bedeutet, es reagiert auf die *Inhalte unseres Bewußtseins*. Dabei ist es gleichgültig, ob diese Inhalte uns selbst betreffen oder ob diese Gedanken anderen gelten. Unsere Bewußtseinsinhalte werden in *jedem* Fall verstärkt. Ebenso ist es wichtig zu wissen, daß das Unterbewußtsein bei der Speicherung nicht »intelligent« vorgeht. Es unterscheidet nicht, ob unsere Gedanken positiv für uns sind oder nicht. Jeder Eindruck, alles wird gespeichert und verstärkt die bereits vorhandenen Programminhalte. Die Aufgabe der Beurteilung unserer Gedanken kommt allein unserem Tagesbewußtsein zu. Dies erklärt beispielsweise auch, warum unser Unterbewußtsein eine real erlebte Situation nicht von einer Situation unterscheiden kann, die nur in unserer Vorstellung stattgefunden hat. Sich Bilder einzuprägen und ihre Inhalte zu verstehen, fällt dem Unterbewußtsein besonders leicht. Diese Erkenntnis hat die Praxis des positiven Denkens revolutioniert. Während früher die Autosuggestionen im Vordergrund standen und man sich diese positiven Vorstellungen wie Emil Coués »Es geht mir in jeder Beziehung von Tag zu Tag immer besser und besser!« durch regelmäßiges Wiederholen in sein Unterbewußtsein einprägte, wird in den Seminaren über positives Denken heute besonders Wert auf das Training der Imagination gelegt, also auf die Fähigkeit, in seiner Vorstellungskraft bewußt positive Bilder zu entwickeln.

Neuere Forschungen über die erfolgreiche Beeinflussung unseres Unterbewußtseins haben noch eine weitere wesentliche Erkenntnis für die Praxis des positiven Denkens gebracht: Es gibt Bewußtseinszustände, die einen direkten Zugang zum Unterbewußtsein ermöglichen. Hierbei handelt es sich um die sogenannte Alpha-Ebene. Auf dieser Bewußtseinsebene sind wir entspannt, das Gehirn produziert Alphawellen und ist besonders aufnahmefähig. In der Hypnose zum Beispiel nützt man diese Erkenntnis und kann dadurch entscheidende Veränderungen in der unterbewußten Steuerung der Persönlichkeit in kürzester Zeit erreichen. Da wir nicht zum Hypnosetherapeuten gehen müssen beziehungsweise wollen, um positives Denken zu praktizieren, ist es für uns interessant, daß wir uns durch leicht erlernbare Methoden der Tiefenentspannung selbst in diesen Zustand der direkten Beeinflußbarkeit des Unterbewußtseins versetzen können.

Vorstellungsbilder und suggestive Gedanken, die wir uns in diesem geistig entspannten Zustand machen, können bis fünfzigmal schneller zur Auswirkung kommen als Gedanken und Vorstellungen, die wir uns im vollen Tagesbewußtsein machen. Dies hängt auch damit zusammen, daß wir uns im Alltag kaum auf einen Gedanken für längere Zeit konzentrieren können. Positives Denken erfordert daher besonders am Anfang tägliche Übung, und die Erfolge durch positives Denken fallen nicht vom Himmel. Erst wenn die erwünschten Vorstellungen im Unterbewußtsein wirklich Fuß gefaßt haben, können wir mit entsprechenden Ergebnissen rechnen. Da viele Menschen in diesen Dingen keine Ausdauer besitzen und nicht bereit sind, diese täglichen Übungen über einen Zeitraum von etwa drei Wochen zu praktizieren, erleben sie erst gar nicht die Phase, in der eine Innensteuerung beginnt.

Besonders Kritiker des positiven Denkens sind oft nicht bereit, sich einmal *vorbehaltlos* auf die Übungen einzulassen. Sie vereiteln dadurch selbst eine positive Erfahrung, die für sie selbst von Nutzen sein könnte.

Entscheidend für den Erfolg durch positives Denken ist die innere Überzeugung.

»Wenn Du Deine Übungen machst, positive Gedanken und Vorstellungen produzierst und nicht daran glaubst, daß sie eintreten werden, dann kann das erwünschte Ergebnis nicht erfolgen!«

Skeptiker, die sagen, »Ich mache die Übungen, aber das klappt ja doch nicht!«, stehen sich mit dieser Negativ-Erwartung selbst im Wege und erleben schließlich, was ihrem Glauben entspricht.

Wie funktioniert nun die Verwirklichung der ins Unterbewußtsein eingepflanzten Wünsche?

Genau wie ein Landwirt seine Saat, die er in den Boden gepflanzt hat, zunächst in Ruhe läßt, damit sie sich entwickelt, muß auch beim positiven Denken der Zeit des Säens (der Einprogrammierung ins Unterbewußtsein) eine Phase der Ruhe folgen, in der die Natur ihre Wirkung entfalten kann. Wenn wir ständig voller Ungeduld nachforschen, ob das Ergebnis schon sichtbar wird, verhalten wir uns wie ein Landwirt, der täglich den eingepflanzten Samen wieder ausgräbt, um zu sehen, ob schon etwas wächst. Unter diesen Umständen kann sich unmöglich eine gesunde Pflanze oder ein erfolgreiches Ergebnis entwickeln.

Vertrauen und Gelassenheit während der Zeit, in der sich das Ergebnis unsichtbar entwickelt, sind ein weiterer wichtiger Schritt auf dem Wege zum Erfolg durch positives Denken.

Alle in unserem Unterbewußtsein verankerten Vorstellungen werden, ohne daß wir es bewußt zur Kenntnis nehmen, durch die schöpferische Energie unseres Geistes aufgeladen. Diese Aufladung der eigenen Vorstellungen, Sorgen und Erwartungen mit kosmischer Energie führt dazu, daß Umstände in unser Leben treten, die das, was wir denken und was wir uns intensiv vorgestellt haben, Wirklichkeit werden lassen. Plötzlich begegnen wir den Menschen, die uns helfen können und wollen. Wir werden ohne bewußte Planung in Situationen verwickelt, die uns zum gewünschten Ziel führen, obwohl unser Tagesbewußtsein die in dieser Situation verborgenen Chancen nicht sehen konnte. Wir spüren, daß wir von innen heraus dazu gedrängt werden, Dinge zu tun, die zur Erreichung des vorgestellten Ziels führen. Wir entfalten plötzlich Aktivitäten, die uns Chancen und Möglichkeiten eröffnen. Wir sitzen nicht mehr hinter dem Ofen und warten, daß etwas Positives passiert.

Persönliche Aktivität gehört ebenfalls zum positiven Denken. Wenn wir wissen, daß wir etwas tun können, dann tun wir es. Wenn wir uns jedoch von innen heraus nicht dazu aufgefordert fühlen, sind wir in der Lage, gelassen abzuwarten, bis der richtige Augenblick zum Handeln gekommen ist, statt hektische und aufgeregte Aktivitäten zu entfalten, die uns der Lösung doch nicht näher bringen.

Die Anhänger des positiven Denkens achten ganz bewußt auf ihre Gedanken, um keine negativen Lebensumstände durch negatives Denken zu verursachen. Immer wenn sie sich bei negativen Gedanken ertappen, setzen sie gezielt eine positive Einstellung an deren Stelle. Insbesondere wenn Probleme und Schwierigkeiten auftreten, wird der Positiv-Denker **alle** negativen Gedanken vermeiden, da sie zu einer Verstärkung eines Problems beitragen können.

Da alle negativen Gedanken und Gefühle, alle unsere Probleme und Sorgen uns darauf hinweisen wollen, daß wir unseren Geist falsch einsetzen, sind sogar diese Erlebnisse als positiv anzusehen. Wir erhalten durch sie die Chance, uns und unser Leben zum Positiven zu verändern.

Positiv denken bedeutet nicht, daß sich ein Mensch weltfremd von den Problemen des Lebens distanziert und diese verdrängt. Es ist vielmehr so, daß ein Positiv-Denker jedes auftauchende Problem ausschließlich *unter dem Blickwinkel der Lösung betrachtet* und durchdenkt.

- Positives Denken ist immer ein *Möglichkeitsdenken*.

- Positives Denken findet immer Lösungen, die für alle Beteiligten positiv sind.

- Positives Denken vermindert den Kampf gegeneinander und fördert das erfolgreiche Miteinander von Menschen mit gleicher innerer Zielsetzung.

Das Prinzip des positiven Denkens ist sehr einfach zu begreifen. Jeder Mensch kann die Grundlagen bereits in einem Seminar von zwei bis drei Stunden Dauer erlernen. Das Problem, das die meisten Menschen vom positiven Denken abhält, liegt nicht in ihrem mangelnden Verständnis, dieses Prinzip zu begreifen, sondern in der Tatsache, daß es langwierig und schwierig sein kann, von den bisherigen und festgefahrenen Denkgewohnheiten freizuwerden. Dieses Freisein von inneren Begrenzungen und Negativprogrammen ist für jeden Menschen erreichbar. Allerdings lauern im Alltag häufig »Fallen«, die positives Denken leicht zum Scheitern bringen und eine Veränderung unseres Lebens zum Positiven verhindern. Auf diese »Fallen« sollte man vorbereitet sein und wissen, wie man sie systematisch umgeht oder überwindet.

> »Wer nicht ermüdet,
> ermüdet Not und Elend.«
> Anon

Die wichtigsten Negativ-Fallen im Alltag

Probleme beim positiven Denken treten immer dann auf, wenn wir uns nicht an die Grundsätze halten. Viele Verhaltensweisen, die ein durchschnittlich denkender Mensch sich täglich erlaubt, sind nicht mehr akzeptabel für den, der Erfolg durch positives Denken haben will. Sogar erfahrene Positiv-Denker übersehen bisweilen den Punkt, daß das Unterbewußtsein völlig unpersönlich reagiert, Informationen wertfrei aufnimmt und so die vorhandenen Bewußtseinsinhalte verstärkt. In der Praxis bedeutet das, daß auch alle negativen Gedanken und Vorstellungen über andere Menschen, die wir in unserem Bewußtsein haben, sich *für uns* verwirklichen.

Wenn wir Menschen sind, die nur sich selbst alles Gute wünschen, anderen Menschen aber nichts gönnen, dann wird das wertneutral arbeitende Unbewußte das Gute und Schlechte gleichermaßen auf *uns* lenken. Trotz positiver Vorstellungen kommen viele Menschen nicht recht voran. Sie machen den Fehler, daß sie für ihren Teil positiv denken, ihre Gedanken für die Belange anderer Menschen jedoch nach wie vor negativ sind. Sie treten mitunter jahrelang auf der Stelle oder, was noch schlimmer ist, sie erfahren überwiegend Negatives, weil ihre negativen Gedanken bezüglich ihrer Mitmenschen die positiven Gedanken für die eigene Person weit übersteigen. Hier hilft nur eins: Sich negative Gedanken gegenüber anderen konsequent abzugewöhnen. Jedesmal wenn in uns ein negativer Gedanke zu Mitmenschen aufsteigt, sollten wir diese segnen und ihnen das Beste wünschen. Denn dies ist der einzige Weg, unsere negativen Bewußtseinsinhalte zu korrigieren. Unser Bewußtsein muß für alle Menschen, einschließlich uns, die gleichen guten Wünsche beinhalten.

Ähnlich verhält es sich, wenn wir in unserem Leben negative Zustände zum Positiven verändern wollen, wir uns aber weigern, die Verantwortung für unser Leben und unsere Lebensumstände selbst zu übernehmen. Wir können uns nicht einfach aus der Verantwortung stehlen und sagen, die anderen sind schuld. Genauso brauchen wir es umgekehrt nicht zuzulassen, daß ein anderer uns die Schuld an seinem Dilemma zuschiebt.

Es gibt viele Menschen, die zu bequem sind, um an sich selbst zu arbeiten und versuchen, ihre eigenen Mängel auf andere zu transformieren. Immer dann, wenn etwas Negatives oder Unangenehmes auf sie zukommt, geben sie anderen die Schuld. Sie machen anderen Vorwürfe, um von den eigenen Unzulänglichkeiten abzulenken. Wenn wir uns so verhalten, geraten wir in einen gefährlichen Kreislauf. Als Mensch, der positiv denkt, dürfen wir erstens *so* nicht handeln und uns zweitens nicht als angeblich schuldige Täter mißbrauchen lassen.

Positives Denken wirkt immer von innen nach außen. Was andere Menschen uns antun, wurde von uns selbst ausgelöst. Solange wir anderen die Schuld an unseren Problemen geben, sind wir nicht in der Lage, uns von diesen Problemen zu befreien. Angenommen wir befinden uns mit jemandem in einem Konflikt, dann liegt es in unserer Macht, diesen Zustand zu ändern. Doch erst, wenn wir dies begriffen haben, sind wir in der Lage, unsere eigenen Gedanken zur Lösung dieses Problems einzusetzen.

Viele Menschen beklagen sich häufig darüber, wie schlecht sie von anderen behandelt werden. Sie erklären ausführlich, warum sie keine positivere Lebenseinstellung haben können, solange sie immer wieder dem negativen Verhalten anderer ausgeliefert sind. Diese Opferrolle verhindert von vornherein eine Lösung durch positives Denken. Solange wir uns als Opfer eines oder mehrerer anderer Menschen sehen, verlagern wir die Verantwortung für unser Problem nach außen, und dies verhindert die Lösung. Es gibt nur einen Menschen, der Verantwortung für unser Leben trägt – wir selbst!

Wir selbst entscheiden über unsere Lebensumstände – immer. Unser Leben, so wie es heute ist, ist das Ergebnis unserer Entscheidungen, die wir in der Vergangenheit getroffen haben. Wenn wir mit irgendwelchen Lebensumständen oder mit Beziehungen nicht einverstanden sind, dann liegt es an uns, sie zu verändern. Lassen wir alles beim alten, dann ist niemals ein anderer Mensch daran schuld.

Wichtig ist es für uns zu erkennen, daß wir andere Menschen lehren, wie man uns zu behandeln hat. Versucht ein Mensch, uns zu unterdrücken, dann haben wir ihm signalisiert, daß wir uns unterdrücken lassen könnten. Wenn wir dies nicht (mehr) wollen, dann liegt es an uns, ihm ein neues Signal zu geben. Er wird sich darauf einstellen müssen, wenn er uns nicht verlieren will.

Wenn wir innerlich nicht mehr bereit sind, die bisherige »Rolle« weiterzuspielen, kann uns niemand dazu zwingen, es doch zu tun.

Die Lösung dringt von innen nach außen, indem wir unsere inneren Gedanken und Einstellungen ändern. *Wir müssen uns selbst als einzige Quelle zur Lösung unserer Probleme ansehen, wenn wir Erfolg dabei haben wollen.*

Weit verbreitet sind auch unehrliche Kommunikation und mangelnde Offenheit. Grund hierfür ist oft der falsch verstandene Versuch, es anderen recht zu machen, andere nicht vor den Kopf zu stoßen. Scheinbar unlösbare Lebensprobleme oder unbefriedigende Kompromisse sind die Folge. So verbringen viele Menschen ihr Leben in der Umgebung von Menschen, die sie nicht wirklich mögen, weil sie es nie übers Herz brachten, ihnen dies einmal zu zeigen. Statt andere zu verletzen, zerstören sie lieber sich selbst. Dies kann nicht der Weg zu einem positiven Leben sein.

Wenn wir mit anderen Menschen kommunizieren, dann sind nicht nur unsere Worte beteiligt, sondern auch unsere innersten Gedanken und Gefühle. Diese wirken sogar wesentlich stärker als das, was wir sagen. Nehmen wir einmal an, wir sind zu einem Familienfest eingeladen und wir haben keine Lust, daran teilzunehmen. Die ehrliche Reaktion wäre, daß wir nicht zu dieser Veranstaltung gehen. Tun wir es dennoch und verhalten uns den ganzen Abend so, als wären wir gerne da – obwohl wir innerlich negative Gedanken und Gefühle dazu haben, dann sollten wir uns darüber klar sein, daß die anderen Menschen dies spüren und auf unsere unterschwelligen Gedanken und Gefühle reagieren.

Wenn wir dann noch behaupten, *»Ich habe doch gar nichts Negatives gesagt«*, belügen wir uns nur selbst. Wir können unsere innersten Gedanken und Gefühle nicht wirklich vor anderen verbergen. Genauso wie wir es spüren, wenn jemand nicht offen zu uns ist, bemerken andere unsere gespielte Offenheit.

Die Lösung ist, einfach zu sagen, was man wirklich denkt. Jeder Mensch hat dieses Recht. Wenn man keine Lust hat, zu einem Treffen zu gehen, dann ist es besser zu sagen, daß man nicht kommt, als dort negativ über die Veranstaltung und die anwesenden Gäste zu denken.

Offene Kommunikation bedeutet, daß wir uns erlauben, das zu sagen, was wir denken. Selbstverständlich auf eine Art, die fair und verständnisvoll den anderen Menschen gegenüber ist. Aber dieses Eingehen auf andere sollte nicht so weit gehen, daß wir unsere inneren Bedürfnisse verleugnen.

Konflikte mit anderen Menschen können wir nicht dadurch lösen, indem wir mit allen über die Schwierigkeit sprechen, nur nicht mit den Betreffenden selbst. Menschen scheinen oft alles zu tun, um dem direkten Konfliktgespräch aus dem Weg zu gehen. Dies kann nie zu einer positiven Lösung führen. Sie kann nur über ein ehrliches und offenes Gespräch gefunden werden, oder wir schließen innerlich Frieden mit unserem »Gegenspieler«.

Positives Denken kann ganz gezielt zur Verwirklichung von Wunschvorstellungen eingesetzt werden. Doch dazu müssen wir unsere Wünsche und Ziele genau kennen. Häufig können wir uns nicht entscheiden, so daß wir zwischen verschiedenen Wunschvorstellungen hin- und herpendeln: Mal wollen wir dies, mal wollen wir das. Täglich geben wir unserem Unterbewußtsein Impulse ein, die sich widersprechen. Man könnte dies genauso mit einer Taxifahrt vergleichen, auf der wir dem Fahrer einen immer neuen, völlig anderen Zielpunkt angeben, bis schließlich jede Orientierung verloren ist. Abgesehen davon, daß es dem Taxifahrer egal ist, wie lange wir dieses Spiel betreiben, weil es ja unser Geld kostet, werden wir niemals irgendwo ankommen, wenn wir uns nicht irgendwann ganz klar für ein Ziel entscheiden.

Auch die Kräfte unseres Unterbewußtseins sind nur dann in der Lage, uns ans Ziel zu bringen, wenn wir dieses Ziel kennen und wenn wir dem Unterbewußtsein dieses Ziel ganz eindeutig mitteilen. Der Zweifel an unserem Ziel ist ein Handicap, an dem wir scheitern könnten. Immer wenn wir sagen, »Ich will dieses und jenes Ziel erreichen«, setzen sich die Kräfte des Unterbewußtseins in Bewegung. Wenn wir aber in unseren Selbstgesprächen sagen, »Ich glaube nicht, daß ich dieses Ziel erreiche«, dann stoppt die kosmische Energie sofort und wendet sich dieser neuen Suggestion zu. Man kann sich leicht vorstellen, wie die Energien zwischen Zielerreichung und Zielverhinderung hin- und herschwingen. Auf diese Weise kann kaum etwas gelingen.

Oft jedoch ist es so, daß wir unser Ziel nicht genau kennen. Viele Menschen machen dann den Fehler, daß sie darüber klagen, daß sie nicht wissen, was sie tun oder denken sollen. Aber auch das ist eine Suggestion und auch sie wird sich auswirken. In diesem Fall ist es besser, darauf zu vertrauen, daß unser Unterbewußtsein in der Lage ist, das für uns richtige Ziel selbst zu erkennen. Ein Positiv-Denker wird sich in einer solchen Situation vorstellen, daß ihm in Kürze eine positive Lösung einfallen und begegnen wird und wird diese Lösung gelassen abwarten.

Wie bereits an früherer Stelle beschrieben wurde, versteht das Unterbewußtsein Bilder und Vorstellungen leichter als Worte. Nicht-Positiv-

Denker haben die Angewohnheit, sich jeden Schrecken in den buntesten Farben auszumalen. Dagegen versagt ihre Fantasie, wenn es darum geht, sich etwas Positives vorzustellen. Es ist leicht verständlich, daß dieser Vorgang ganz große Probleme nach sich zieht. Jede Sorge und jede Angst werden automatisch in Bilder umgesetzt, die sich leicht ins Unterbewußtsein einprägen und von dort energetisch verstärkt zur Verwirklichung drängen. Solange diese Angewohnheit nicht überwunden wird, ist immer wieder mit Störungen beim positiven Denken zu rechnen, denn die schwachen Vorstellungen des Positiven können die starken Auswirkungen der Negativbilder nicht ausgleichen.

Hier ist es wichtig, einerseits die Entstehung von Angstbildern abzubauen und parallel dazu die Produktion positiver Vorstellungen und Wünsche zu erlernen.

Positive Fantasien sind ein intensiv wirksames Erfolgsmittel und gezieltes Tagträumen kann oft mehr bewirken als tagelanges angestrengtes Nachdenken und Grübeln. Sie sollten jedoch nicht den weitverbreiteten Fehler machen, die alleinige Wirkung der Imagination zu überschätzen, und die Notwendigkeit gezielter Aktivitäten nicht unterschätzen.

Nachdem wir mit den Imaginationsübungen begonnen haben, werden wir von innen heraus oder möglicherweise auch durch einen Anstoß von außen dazu angehalten, etwas zu tun. Es ist verständlich, daß unsere Tatkraft in Verbindung mit positiven Vorstellungen erheblich effektiver sein kann und zu einem guten Ergebnis führt. Bloßes Positiv-Denken bringt keine Erfüllung. Der Mensch ist dazu geschaffen zu handeln, aktiv zu sein und seine Kräfte zu erproben. Schwierigkeiten oder Hindernisse, die uns auf unserem Weg begegnen, sind nur ein Prüfstein, ein Test für uns. Viele Menschen erreichen ihre Ziele nur deshalb nie, weil sie zu früh aufgeben, sich sofort geschlagen geben. Sie machen keinen Unterschied zwischen einem Rückschlag und einer endgültigen Niederlage: Nach einem Rückschlag ist man wieder aufgestanden und hat weitergemacht! Warum sollte man diese Chance vergeben, solange nicht alles verloren ist?

Die Überprüfung des Erfolgsweges all jener Leute, die sich an der »Spitze« befinden, hat eines ganz klar ergeben: Sie sind nicht einfach dort gelandet! Der Erfolg, sein Ziel zu erreichen, hat immer Hindernisse, und nur der wird ankommen, der immer wieder mit neuer positiver Einstellung weitermacht. Oft hat es sich schon gezeigt, daß sich der »ganz große Erfolg« und die endgültige Zielerreichung direkt im Anschluß an einen besonders großen Rückschlag einstellen. Erreichen kann es jedoch nur, wer sich nach diesem Rückschlag wieder aufrafft und zuversichtlich weitermacht.

Immer, wenn wir uns von den Gedanken an die Vergangenheit oder von den Sorgen der Zukunft niederdrücken lassen, schließen wir uns von den wohltuenden Auswirkungen des positiven Denkens aus.

Wir sollten uns aber bewußt werden, daß es immer nur einen einzigen Augenblick gibt, in dem wir wirklich leben, nämlich im Jetzt. Alles, was gestern war, ist heute vorbei, und alles, was morgen sein wird, ist heute ungewiß.

Zum Gestern: Viele Menschen verderben sich das Leben damit, daß sie im Heute Schuldgefühle für das Gestern produzieren. Entweder sie werfen sich selber vor, daß sie dies oder jenes nicht getan haben beziehungsweise nicht hätten tun sollen. Oder sie beklagen sich darüber, daß andere Menschen diese oder jene Schuld auf sich geladen hätten. Sie suchen geradezu Ausflüchte und geben sie als Grund dafür an, daß sie heute nicht glücklich und positiv leben können.

Zum Morgen: Gleichzeitig ängstigen sich viele Menschen davor, was wohl morgen an Problemen auf sie zukommen wird und vor allem, wie sie diese wohl bewältigen sollen. Die Sorge vor dem, was in der Zukunft passiert, verhindert, daß sie heute ein positives und harmonisches Leben verbringen.

»Wenn meine Mutter mich nicht vor 35 Jahren so schlecht behandelt hätte, dann könnte ich jetzt glücklich sein!« oder »Wenn die Atombomben von der Erde verschwunden sind, dann besteht für mich die Möglichkeit, eine positivere Einstellung zu den Dingen zu bekommen!« sind zwei Beispiele, die das bequeme und zugleich selbstzerstörerische Denken vieler demonstrieren. Sie vergessen dabei eins: *»Der menschliche Geist hat seinen eigenen Raum. Er kann sich den Himmel zur Hölle und die Hölle zum Himmel machen!«* Diesen Satz von John Milton wenden viele von uns nur halbherzig an. Sie machen sich nur den Himmel zur Hölle.

Mark Twain sagte einmal am Ende seines Lebens: »Ich bin ein alter Mann und ich hatte eine ganze Menge Probleme. Die meisten davon sind nie passiert!«

Fünfundneunzig Prozent unserer Sorgen treten niemals ein. Fünfundneunzig Prozent unserer Befürchtungen, die wir vor dem Morgen haben, erfüllen sich nicht. Die meisten unserer Ängste sind unbegründet. Unser Leben verläuft anders, führt nicht dorthin, wovor wir Angst haben. Wir müssen lernen, daß einzig und allein unsere innerste Beurteilung einer Situation entscheidet, ob etwas für uns positiv oder negativ ist. Wenn wir zurückdenken, dann beurteilten wir in der Vergangenheit vieles negativ, unmittelbar nachdem es geschehen war – was sich im nachhinein als positiv erwies. Immer wenn wir in eine Situation geraten, die uns im Augenblick negativ erscheint, sollten wir erst einmal eine Pause in unserem Beurteilungsprozeß einlegen und sagen: »*Ich will zunächst prüfen, was sich Positives in dieser Situation verbirgt.*« Mit dieser Einstellung ist es ziemlich sicher, daß wir aus jeder Situation das Beste herausholen. Grundsätzlich sollten wir uns als Positiv-Denker folgendes klarmachen: »*Es ist im Grunde genauso aberwitzig, von einer negativen Entwicklung überzeugt zu sein wie von einer positiven!*« Denn gerade die innere Überzeugung ist es doch, die in uns die Energien mobilisiert und Kräfte in Bewegung setzt, die wiederum genau das unterstützen und herbeiführen, wovon wir überzeugt sind!

»*Wir wissen einfach nicht genug, um das Recht zu haben, ein Pessimist zu sein*«, dieser Satz sagt einiges darüber aus, wie wir das Leben betrachten sollten.

Wenn wir uns aber schon Sorgen und Angstzustände erlauben, dann sollten wir wenigstens darauf achten, daß diese uns nicht lahmlegen. Jede Situation, in der wir aus Angst – vor etwas, was wahrscheinlich sowieso nicht eintreten wird – innerlich wie gelähmt sind, reduziert unsere Zeit, die uns für ein positives Leben zur Verfügung steht.

Es gibt auch Menschen, die lassen sich von ihren Problemen aktivieren. Sie sagen sich: »Ich will diese Situation *so* nicht erleben, und ich werde jetzt etwas tun, um dies zu ändern!« Mit dieser Einstellung kann man sogar aus negativen Gefühls-Situationen noch etwas Positives machen.

Wer zu Depressionen neigt, kann diese am einfachsten dadurch heilen, indem er etwas unternimmt. Wie seine Aktivität aussieht, ist in diesem Fall weniger ausschlaggebend. Wichtig ist, daß er mit dem Grübeln aufhört und beginnt, sich tatkräftig mit etwas zu beschäftigen. Dies ist der Start zur positiven Wende.

Im Grunde genommen basieren fast alle Probleme, die uns im Alltag das Leben schwer machen, auf einem einzigen Punkt. Es fehlt uns an Vertrauen. Statt dessen geht das Mißtrauen um. Jeder mißtraut jedem. Viele Menschen leben in dem Bewußtsein: »Die Menschen sind schlecht, und du kannst niemandem trauen!« Diese Einstellung führt automatisch dazu, daß man Menschen und Umstände anzieht, die zu dieser inneren Vorstellung passen. Wer so denkt, ist selbst die Ursache dafür, daß er diese negativen Erfahrungen macht.

Es gibt zur Zeit ungefähr vier Milliarden Menschen auf der Welt. Jeder Mensch kennt im Durchschnitt zweihundertfünfzig Menschen näher. Diese zweihundertfünfzig Menschen stellen für ihn »*die Menschen*« dar. Wenn er innerlich voller Mißtrauen ist, dann wird es ihm nicht auffallen, daß er aus der Gesamtzahl der Menschen in seinem Land zweihundertfünfzig negative und unkorrekte Leute an sich zieht. Wenn er dann die Erfahrungen macht, die seinen innersten Erwartungen entsprechen, dann ist es einfach, die Schuld hierfür diesen Menschen zuzuschieben.

Aber: Wir selbst sind der Magnet, der die anderen Menschen anzieht, und wir werden magnetisch von anderen Menschen angezogen. Sollte es sein, daß wir Leute, die Geld haben, nicht ausstehen können, dann werden wir keine harmonische Beziehung zu wohlhabenden Menschen erleben können. – Wenn wir glauben, daß alle Menschen es nur auf unser Geld abgesehen haben, dann könnten wir genauso alle Anschlagtafeln der Stadt mit dieser Mitteilung bekleben. Wer es darauf abgesehen hat, jemanden seines Geldes zu bestehlen, wird durch diese unsere Gedanken unterschwellig angezogen. Wenn wir mißtrauisch sind und immer glauben, daß uns etwas Negatives passieren wird, dann sind wir die treibende Kraft, die unseren später sich bewahrheitenden negativen Erfahrungen nur Vorschub leistet.

Um positiv denken zu können, müssen wir unbedingt vertrauen lernen. Vertrauen ist eine der größten Kräfte, die wir zu unserem Wohlergehen einsetzen können. Wir Menschen sind in der Lage, ein wesentlich größeres Wissen für uns einzusetzen, als wir gemeinhin glauben. Wie wir denken entscheidet über unsere Möglichkeiten im Leben. Positiv denken macht frei von inneren Blockaden und eröffnet uns Möglichkeiten, die wir uns im Augenblick noch gar nicht vorstellen können. Wenn wir lernen können zu vertrauen, dann werden sich viele unserer Probleme leichter lösen lassen oder erst gar nicht auftauchen. Wichtiger als das Vertrauen in andere Menschen ist das Vertrauen in uns selbst. Dieses Selbstvertrauen fußt darauf, daß unsere Gedanken *die* Kraft sind, die unser Leben bestimmt und steuert, und daß wir unser eigenes Denken nur im Griff behalten müssen, wenn wir Harmonie, Erfolg, Gesundheit, Zufriedenheit und Glück erleben wollen.

Selbstvertrauen heißt überzeugt zu sein, daß unser eigener Geist in der Lage ist, positive Lösungen für jedes Problem zu finden, mit dem wir in unserem Leben überhaupt konfrontiert werden können. Diese Konflikt- oder Problemlösungsfähigkeit geht weit über das hinaus, was in unserem Tagesbewußtsein an Kenntnissen und Erfahrungen vorhanden ist. Sie beruht auf dem Zusammenwirken von innersten Gefühlen, Intuition, Offenheit gegenüber sich und anderen, Vertrauen und Selbstvertrauen. Unser wahres Selbst hat positive Lösungen für alle Probleme – auf dieser Erkenntnis basiert wahres Selbstvertrauen.

Es ist nicht schlimm zu erkennen, daß wir gegen die hier angeführten und zum positiven Denken unbedingt nötigen Voraussetzungen in der Vergangenheit verstoßen haben. Es ist positiv zu bewerten, daß wir dies jetzt erkannt haben und bereit sind, uns jetzt zu ändern. Es gehört zu den Grundsätzen des positiven Denkens, daß wir immer wieder anfangen können, uns neu auf diese Prinzipien einzustellen: Alles, was war, ist vorbei. Nur was jetzt ist, zählt. Das Morgen ist das Ergebnis dessen, was wir heute denken. Denke ich heute positiv, kann ich morgen Positives erleben. Schauen wir nicht zurück, auf das, was wir nicht getan haben – schauen wir nicht zu weit nach vorn und verlieren uns in entfernten, ungewissen Details. Ergreifen wir den einzigen Augenblick, den wir wirklich besitzen:

Denken wir *jetzt* positiv!

> »Machen Sie sich zu dem Menschen,
> der Sie sein wollen,
> und Sie werden die Freunde finden,
> die Sie haben wollen!«

Was ändert sich durch positives Denken im Privatleben?

Alle Menschen, die positives Denken wirklich praktizieren, können auf große positive Veränderungen in ihrem persönlichen Leben verweisen.

Da sind zum Beispiel das deutlich gesteigerte Selbstvertrauen zu nennen, das ein Positiv-Denker automatisch entwickelt. Durch die Erkenntnis, daß wir selbst die wichtigste Ursache für unsere Lebensumstände sind, gewinnen wir im Laufe der Zeit an Sicherheit, die von tief innen heraus kommt. Diese Sicherheit bezieht sich weniger darauf, daß uns nichts Unvorhergesehenes mehr zustoßen wird, weil wir unsere Gedanken im Griff haben, sondern vielmehr darauf, daß wir uns fähig fühlen, mit den ständigen Veränderungen, die das Leben mit sich bringt, zurechtzukommen.

Das Prinzip des Lebens ist Wandel. Alles, was lebt, ändert sich. Der durchschnittlich denkende Mensch hat Angst vor der Veränderung. Er versucht, seine Sicherheit daraus zu beziehen, daß er sich auf möglichst wenig Veränderungen einstellen muß. Es ist typisch für den normal denkenden Menschen, daß er innerlich häufig gegen Dinge ankämpft, die zum Leben und Alltag gehören. Er kritisiert, beklagt oder empfindet Umstände als negativ, wie zum Beispiel: »Ich will nicht, daß ich Grippe habe«, »Ich will nicht, daß mein Geld schon am zwanzigsten aufgebraucht ist«, »Ich will nicht, daß mein Nachbar sich schon wieder ein neues Auto gekauft hat«. Sinnvoller wäre es, die Energien für solche »Klagelieder« zur Verbesserung der eigenen Umstände einzusetzen.

Anders der Positiv-Denker. Er weiß, daß bestehende Umstände zuerst einmal von ihm angenommen werden müssen. Dieses Annehmen zeichnet den positiv denkenden Menschen in seinen Verhaltensweisen aus. Er klagt nicht über das, was geschehen ist, sondern konzentriert seine Kräfte darauf, aus einer unerwünschten Situation etwas Positives zu machen.

Positiv-Denker betrachten Veränderungen als Chance für Verbesserungen. Auch wenn sie mit Veränderungen konfrontiert werden, die scheinbar negativ für sie sind, vertrauen sie darauf, daß sich aus dieser Situation etwas Positives entwickeln wird. In ihren Gedanken und Vorstellungen lenken sie ihre Energien auf das Heranziehen einer positiven Lösung.

Positiv denkende Menschen sind bessere Partner. Das hängt ganz einfach damit zusammen, daß gegenseitige Schuldzuweisungen keinen Platz mehr haben. Ein Positiv-Denker akzeptiert unterschiedliche Auffassungen seines Partners in den verschiedenen Lebensbereichen. Er weiß, daß beide Partner ihre eigene Persönlichkeit unmöglich entwickeln können, wenn unterschiedliche Meinungen, Vorlieben und Einstellungen nicht zugelassen, toleriert oder auch anerkannt werden.

Veränderungen in der Einstellung ihres Partners werden von Positiv-Denkern niemals als bedrohlich empfunden, weil sie darin einen Lebensbeweis und die Chance für eine lebendige, sich gegenseitig stimulierende Weiterentwicklung der Partner sehen. »Klammeraffen« gibt es in der Beziehung positiv denkender Menschen nicht.

Die Risikobereitschaft des positiv denkenden Menschen ist deutlich größer. In jedem einzugehenden Risiko sieht er die Möglichkeit, sein Leben zu verbessern.

Wenn wir uns einmal drei unterschiedliche Lebensprobleme ansehen, mit denen wir alle konfrontiert werden, dann werden die Unterschiede im Verhalten zwischen dem Positiv- und Normal-Denker deutlich:

1. Krankheit

Der normal denkende Mensch läßt sich von seiner Krankheit vereinnahmen. Sein ganzes Denken kreist intensiv um diese Krankheit. Er versucht, immer mehr über sie zu erfahren. Er malt sich aus, was alles aus dieser Krankheit entstehen könnte und wird zum Spezialisten für diese Krankheit, für ihre Symptome und alles, was mit ihr zusammenhängt.

Der positiv denkende Mensch akzeptiert erst einmal, daß er eine Gesundheitsstörung hat. Er geht sicher auch zum Arzt oder zum Heilpraktiker, um sich behandeln zu lassen, aber in seinem Denken und Fühlen konzentriert er sich darauf, seinem Unterbewußtsein Vorstellungen und Bilder von Gesundheit zu vermitteln. Er weiß und vertraut darauf, daß die Gesundung von innen kommt.

Die innere Einstellung des Kranken zu seinen Heilungschancen trägt wesentlich mehr zur Gesundung bei, als die meisten Menschen glauben.

Selbstheilungen durch positives Denken kommen öfter vor, als die Menschen wissen.

2. Einsamkeit

Einsamkeit ist ein innerer Zustand. Die Gedanken eines einsamen Menschens drehen sich unaufhörlich um seine Einsamkeit. Das Unterbewußtsein erhält ständig Suggestionen wie beispielsweise »Keiner mag mich«, »Ich bin völlig allein und einsam«, »Ich bin es nicht wert, daß sich jemand um mich kümmert«. Diese Suggestionen führen dazu, daß alle Kräfte des Unterbewußtseins sich darauf konzentrieren, diese zu verwirklichen. Auch hier verwechselt der Mensch Ursache und Wirkung.

Ein positiv denkender Mensch, der zum Beispiel wegen Scheidung oder durch den Tod seines Partners plötzlich allein ist, muß sicher auch seine innere Trauerarbeit leisten. Obwohl er seinen Partner verloren hat, macht er aber nicht den Fehler zu glauben, daß er sein zukünftiges Leben in Einsamkeit verbringen muß. Er nimmt die Situation an und macht sich in seinen Gedanken und Vorstellungen damit vertraut, neue Kontakte und Beziehungen aufzubauen. Seine Denkweise strahlt Aufgeschlossenheit aus gegenüber anderen, und es fällt ihm leichter, neue Freunde zu gewinnen.

Auch hier ist es die innere Einstellung, die das Ergebnis bringt. Positive Beziehungen zu anderen Menschen kann jeder finden. Wer sein Leben auf den Kontakt beziehungsweise die Kontaktpflege mit anderen Menschen einstellt, stößt auf die Menschen, die zu ihm passen und jemanden wie ihn gerade suchen.

3. Kommunikation

Auch in der Gesprächsführung mit anderen hat der Positiv-Denker erhebliche Vorteile gegenüber dem Normaldenker.

Ein negativ gepolter Mensch sieht einen Konflikt mit anderen Menschen als negativ an. Er glaubt, daß eine positive Kommunikation immer gleichbedeutend ist mit tiefer Übereinstimmung. Jedesmal wenn ihm jemand Unannehmlichkeiten sagt, weicht er einen Schritt zurück, weil er davon ausgeht, daß der andere ihn nicht mag. Wenn er selbst nicht akzeptiert, was jemand anders tut oder sagt, greift er entweder zu massiver Kritik oder schweigt und denkt sich seinen Teil. Dies führt dazu, daß die Fronten sich verhärten und daß einer oder beide Beteiligten darunter leiden.

Ein positiv denkender Mensch weiß, daß es nicht möglich ist, mit allen Menschen einer Meinung zu sein. Er hat begriffen, daß gerade die Unterschiede zwischen den Menschen das Leben und die Kommunikation mit anderen interessant machen. Er geht davon aus, daß es normal ist, wenn zwei Menschen die Dinge unterschiedlich betrachten. Darüber hinaus findet er es lehrreich, über unterschiedliche Auffassungen und Standpunkte mit anderen Menschen zu diskutieren. Wenn jemand zu ihm sagt: »Ich kann dich nicht ausstehen«, dann ist seine normale Reaktion entweder: »Das ist interessant. Ich würde gerne wissen warum?« oder »Das ist Dein gutes Recht«. Auf keinen Fall wird der Positiv-Denker die Kritik anderer zum Anlaß nehmen, seine positive Lebenseinstellung, und wenn auch nur zeitweise, aufzugeben.

Wenn wir feststellen, daß uns jemand nicht mag, dann sollten wir uns immer daran erinnern, daß dies mehr über denjenigen selbst aussagt als über uns. Ein positiver Mensch weiß, daß es unmöglich ist, von allen geliebt zu werden. Er geht in seinem Denken und Fühlen davon aus, daß er auch mit einem Menschen, der nicht mit ihm übereinstimmt, interessante und konstruktive Kommunikation betreiben kann.

Zusammenfassend kann man sagen, daß ein positiv denkender Mensch in seinem Privatleben wesentlich weniger Konflikte mit sich selbst und anderen Menschen erlebt. Dank seiner offenen Einstellung ist er jederzeit in der Lage, andere, genauso positive Menschen kennenzulernen. Probleme mit negativen Menschen hat ein Positiv-Denker kaum, weil er weiß, daß seine innere Einstellung zu den anderen Menschen sein Verhältnis zu diesen bestimmt. Er grämt sich nicht, wenn ihn jemand nicht mag, sondern er gesteht den anderen Menschen dieses Recht zu. Seine innere Ausgeglichenheit und Zufriedenheit bezieht er aus seinem Vermögen, Situationen und Lebensumstände annehmen zu können, ohne übermäßig darunter zu leiden. Darüber hinaus setzt er sich selbst nur für positive Zukunftsentwicklungen ein, indem er sein Denken, Fühlen und Handeln auf Chancen und Möglichkeiten ausrichtet und sich von inneren Begrenzungen immer weiter befreit.

Wer positiv denkt, akzeptiert sich als einmalige Persönlichkeit und versucht nicht, so zu sein wie die anderen, oder wie sie ihn haben wollen. Der Positiv-Denker ruht in sich selbst – in seinem wahren Wesen und ist locker und entspannt.

> »Für einen trägen Geist ist auch eine Weltanschauung kein Anreiz. Ein reger Geist interessiert sich auch für ein Sandkörnchen.«

Was ändert sich durch positives Denken im Berufsleben?

Gerade im beruflichen Bereich können sich einschneidende Veränderungen einstellen, wenn man sich zum positiven Denken entschließt. Ungefähr ein Drittel seines Lebens verbringt der Mensch mit der Ausübung seines Berufs. Deshalb dürfte es niemandem gleichgültig sein, mit welcher Einstellung er seiner beruflichen Tätigkeit nachgeht. Freude und Erfüllung sind genauso wichtig wie das Geldverdienen. Dies sollte man nicht unterschätzen, sondern möglichst berücksichtigen.

Die Bezeichnung *Beruf* hat sich aus dem Wort *Berufung* entwickelt. Dies sagt bereits aus, daß der Beruf eigentlich eine Tätigkeit ist, zu der man sich berufen fühlt. Statt dessen gibt es Millionen von Menschen, die sich den ganzen Tag lang nach dem Feierabend sehnen, weil sie sich in ihrer Tätigkeit unbefriedigt fühlen. Der große Fehler liegt auch hier in der inneren Einstellung.

Die meisten Menschen müssen arbeiten, weil sie nicht so viel Geld haben, daß sie von ihrem Vermögen leben können. Der erste Schritt zu einer positiveren Einstellung gegenüber diesem Umstand ist, diese Tatsache zu akzeptieren. Wenn wir schon arbeiten müssen, dann sollten wir wenigstens innerlich nicht dagegen rebellieren und uns dadurch das Leben unnötig schwer machen.

Wenn wir bereit sind, uns mit dieser Tatsache abzufinden und dann beginnen, uns auf Verbesserungsmöglichkeiten unserer beruflichen Situation zu konzentrieren, ist die erste Grundlage zum Erfolg gelegt.

Ein Unternehmer zum Beispiel, der innerlich seinen Beruf ablehnt, kann dadurch seine Firma in den Ruin treiben. Die ständigen Suggestionen darüber, daß er seine Firma »am liebsten loswerden möchte«, werden vom Unterbewußtsein mit Energien verstärkt. Sie können zu Umständen führen, die das Ende der Firma Wirklichkeit werden lassen. Besonders wegen der betroffenen Firmenmitarbeiter wäre in diesem Fall eine verantwortungsbewußtere Einstellung des Unternehmers angebracht. Positiv wäre zum Beispiel die Vorstellung, daß ein Interessent die Firma zu einem guten Preis kaufen wird, um sie dann erfolgreich weiterzuführen. Falls jedoch der Gedanke »Ich muß nur einen Dummen finden, dem ich meine Firma unterschieben kann und der an meiner Stelle damit auf die Nase fällt« eine Rolle spielt, so wird dies vom Unterbewußtsein unpersönlich verstärkt und führt vielleicht früher als geplant – noch bevor die Besitzer wechseln – zum Firmenzusammenbruch.

Dies sagt etwas darüber aus, mit welcher Ethik ein positiv denkender Mensch seinen Beruf betreibt. Auch hier kommt es darauf an, vom einseitigen Interesse am eigenen Wohlergehen wegzukommen und das Wohl aller Beteiligten in den Vordergrund zu rücken.

Positiv-Denker streben in ihrem Beruf nach einer Tätigkeit, mit der sie sich wohl fühlen und mit der sie einem größeren Ganzen nützen. Sie verstehen sich nicht als bloße Arbeitskraft, die von einem Unternehmer ausgenutzt wird, sondern sie betrachten das Verhältnis zwischen sich und dem Vorgesetzten als eine wechselseitige Beziehung auf der Basis von Geben und Nehmen.

Sie wissen, daß alles zwei Seiten hat und daß die Probleme aufgrund einer falschen Berufseinstellung auch dem Wohlergehen aller Mitmenschen schaden. Größer ist jedoch der Schaden, den sich Menschen selbst zufügen, wenn sie ihre berufliche Tätigkeit nicht leiden mögen. Diese negative Einstellung, vor allem wenn sie unterdrückt wird und einhergeht mit der Fortsetzung der ungeliebten Tätigkeit, kann zu körperlichen und psychosomatischen Krankheiten führen. Für einen aufgeschlossenen Menschen, wie es der Positiv-Denker ist, gibt es nur zwei Möglichkeiten:

Entweder sich beruflich zu verändern und der inneren Berufung zu folgen – oder den Beruf beizubehalten, ihm gegenüber aber die innere Einstellung zu verbessern.

Andere Möglichkeiten gibt es nicht. Für einen positiven Menschen ist es nicht tragbar, den ungeliebten Beruf fortzusetzen, gleichzeitig aber zu wissen, daß er ihm nicht gefällt. Auch die sogenannte »innere Kündigung«, die Beschränkung auf das beruflich Notwendigste und die Konzentration auf den Feierabend, ist für ihn keine Alternative.

Häufig werden außerberufliche Verpflichtungen und Verantwortung, z.B. für die Familie, als Grund dafür angeführt, daß der »erträumte« Beruf nicht ausgeübt werden kann. Gerade dieser Punkt wäre an sich positiv zu bewerten, weil er auf Verantwortungsbewußtsein hinweist und das Leid des Betreffenden eher »adelt«. Wenn es jemanden gelingt, aus einer solchen Situation heraus eine neue, positive Einstellung zu seinem Beruf zu finden, so ist das in Ordnung. Wird der Beruf von einem solchen Menschen aber jahrelang nur aus Pflichtgefühl und unter innerer Rebellion weiter ausgeübt, dann wird im Laufe der Jahre der innere Druck so groß werden, daß Krankheit oder Selbstaufgabe und Depression die Folge sind. Hiervon werden, neben dem Betreffenden selbst, dann gerade die Personen negativ betroffen, für die man aus »Verantwortung« seinen eigenen Selbstausdruck unterdrückt hat.

Was macht also ein positiv Denkender in einem solchen Fall?

Zuerst einmal sind die in diesem Buch geschilderten Prinzipien und Grundsätze allgemein zu beachten. Darüber hinaus wird es beispielsweise immer möglich sein, durch offene Kommunikation mit seinem Arbeitgeber eine innerbetriebliche Versetzung zu besprechen, wenn sich im Betrieb des Arbeitgebers entsprechend reizvollere Tätigkeitsbereiche anbieten. Aber auch hier ist zu bedenken, daß der Vorgesetzte nur dann ein Interesse an einer Versetzung hat, wenn der Mitarbeiter eine positive Einstellung zu seinen Aufgaben bisher bewiesen hat und diese im neuen Tätigkeitsbereich voraussichtlich beibehält.

Ebenso ist es möglich, statt sich über das Betriebsklima zu beklagen, selbst etwas zur Verbesserung der Stimmung in der eigenen Abteilung zu unternehmen. Betrachten wir uns als der verantwortliche Auslöser für Verbesserungen, statt zu erwarten, daß die Kollegen sich ändern.

Ein Vorgesetzter mit der inneren Einstellung »Meine Leute sind unfähig« oder »Mit solchen Leuten kann man nicht zusammenarbeiten« darf sich nicht wundern, wenn er dies täglich erlebt. Allein durch eine positivere Beurteilung seiner Mitarbeiter kann er die Atmosphäre und Zusammenarbeit wesentlich verbessern.

Positiv-Denker besitzen die Fähigkeit, sich selbst für eine Sache zu begeistern. Diese Fähigkeit stellt sich bei ihnen durch das beständig praktizierte positive Denken wie von selbst ein. Gerade im Beruf kann die Begeisterungsfähigkeit von Nutzen sein.

»Wenn Deine Arbeit Dich nicht begeistert, dann mußt Du Dich für Deine Arbeit begeistern!«

Daß dieser Leitsatz nicht unendlich funktioniert, wissen wir als positiv denkender Mensch. Es ist nicht möglich, über ein gewisses Maß hinaus

Zufriedenheit aus seinem Beruf herauszupressen. Sobald er widerwillig ausgeübt wird, überwiegen die negativen Aspekte, die sich durch Negativprogrammierungen wie »Ich mag meinen Beruf nicht, er ist eintönig, zu wenig attraktiv« nur verstärken.

Allein durch die innere Entscheidung, sich ab sofort auf die angenehmen, positiven Aspekte der Tätigkeit zu konzentrieren, wird die eigene Aufmerksamkeit für die interessanten Bereiche des eigenen Berufes geschärft. Wir »sehen« plötzlich Dinge, die uns vorher gar nicht aufgefallen waren, und wir können wachsende innere Begeisterung verspüren für früher mit großer Teilnahmslosigkeit ausgeführte Tätigkeiten. Seinen erlernten Beruf doch noch schätzen zu lernen, ist möglich – durch positives Denken.

Wenn ein Mensch jedoch seine Tätigkeit innerlich so entschieden ablehnt, daß er zur nötigen Änderung seines Denkens nicht mehr bereit oder in der Lage zu sein glaubt, so kann dennoch eine positive Lösung gefunden werden. Dabei sollten wir jedoch immer daran denken, daß uns eine reine Ablehnung ohne eine konstruktive Alternative nicht weiterbringt.

Wenn wir also davon ausgehen, daß jemand bereits einen »Traum« in sich trägt, den er verwirklichen möchte, dann erinnern wir uns doch an eines der geistigen Grundprinzipien: *»Was wir uns von Herzen aus unserem Innersten heraus wünschen, trägt seine Erfüllung bereits in sich.«* Ein Wunsch, der immer wieder in uns aufsteigt, ist ein Hinweis unseres höheren Selbst. Es macht uns aufmerksam auf Bereiche, in denen wir Aufgaben finden und mit Erfolg ausüben können und die uns gleichzeitig innere Erfüllung geben.

Positiv denken heißt auch, vertrauensvoll das Bisherige, was uns nicht erfüllte, hinter uns zu lassen und unseren Weg neu auszumachen. Häufig werden wir sogar durch Lebensumstände, die wir vordergründig als Problem bewerten, zu einer Neuorientierung und Verbesserung unserer Berufssituation gezwungen. Wenn wir zum Beispiel arbeitslos werden, können wir diese Gelegenheit, unter Anwendung des positiven Denkens, so nützen, daß wir eine »Traumposition« anziehen, auf die wir niemals gestoßen wären, wenn wir unseren Arbeitsplatz nicht verloren hätten. Übertragen auf den Unternehmer könnte sein Konkurs auch für ihn der Anfang einer wesentlich befriedigenderen neuen Berufstätigkeit sein, die seiner inneren Berufung eher entspricht und ihn tiefer erfüllt.

Für den Beruf gilt das gleiche wie für die übrigen Lebensbereiche: *»Wir können niemals hundertprozentig beeinflussen, was uns begegnet, aber* *wir können hundertprozentig beeinflussen, wie wir auf das, was uns begegnet, reagieren!«*

Der Einsatz des positiven Denkens im Berufsleben ist ein wesentlicher Beitrag zur Steigerung der persönlichen inneren Erfüllung und des Erfolgs allgemein. Er verwirklicht sich nicht nur materiell, sondern drückt sich auch durch emotionale Ausgeglichenheit und körperliche Gesundheit aus.

Jedes Unternehmen, das seine Mitarbeiter mit der Kraft des positiven Denkens vertraut macht, trägt wesentlich zur Verbesserung seiner Betriebsharmonie und seines Geschäftserfolges bei.

> »Ein positiv denkender Mensch
> lehnt es nicht ab, das Negative
> zur Kenntnis zu nehmen,
> er weigert sich nur, sich ihm zu
> unterwerfen.«
> Norman Vincent Peale

Was positives Denken nicht leisten kann

Nachdem wir uns bisher damit beschäftigt haben, was durch positives Denken möglich ist, will ich hier einmal deutlich machen, was positives Denken nicht leisten kann.

Da die bewußte Anwendung der Kraft der Gedanken im Inneren des Menschen abläuft, ist es nicht möglich, einem anderen Menschen anzusehen, daß er gerade positiv denkt. Genausowenig kann man aus den Lebensumständen, in denen jemand lebt, ableiten, ob er ein Positiv-Denker ist oder nicht. Die Folge davon wäre eine gedankliche Gleichschaltung aller Positiv-Denker. Dies wäre unvereinbar mit der Lehre des positiven Denkens, deren Ziel die möglichst freie Entfaltung der Menschen zu einer individuellen, einmaligen Persönlichkeit ist.

Nehmen wir an, ein Mensch lebt in bescheidenen finanziellen Verhältnissen. Dies ist noch lange kein Hinweis darauf, daß er negativ denkt. Entscheidend bei der Beantwortung dieser Frage ist, ob er sich innerlich mit seiner Situation in Harmonie befindet oder nicht. Auch ein Leben in Reichtum und Wohlstand ist nicht Ausdruck positiven Denkens, wenn dabei die Liebe und die innere Harmonie zu sich selbst und anderen verlorengeht.

Wenn ein Mensch sich in einer schweren Lebenskrise befindet, so ist dies nicht unbedingt ein Zeichen für negatives Denken. Eine schwere Krise, etwa die »Midlife-Crisis«, ist oft das auslösende Moment zu einer Hinwendung zu mehr Selbstvertrauen und positiveren Lebensvorstellungen. Auch hier kommt es wesentlich darauf an, wie die innere Einstellung des Betroffenen zu seiner Situation ist. Sieht er sein derzeitiges Problem als lehrreiche Erfahrung an, die ihn mit sich selbst in Kontakt bringt und ihn stärker macht, als er vorher war, so ist das eine positive Denkweise.

Viele Leute fragen, was Sie tun können, um für jemanden anders positive Veränderungen »herbeizudenken«. Auch hierbei handelt es sich um einen Bereich, wo positives Denken an seine Grenzen stößt. Da es immer ein Prozeß ist, der von innen nach außen abläuft, verstößt dieser Versuch bereits gegen ein Grundgesetz des positiven Denkens. Unsere Gedanken, die wir für andere Menschen haben, können nur verstärkend wirken. Wenn dieser Mensch ähnliche Gedanken und Vorstellungen hat wie wir, dann unterstützen unsere Gedanken die geistige Arbeit des anderen. Das positive Denken einzelner ist auch nicht in der Lage, den Lauf der Welt entscheidend zu verändern. Wenn sich ein Mensch beispielsweise eine Welt ohne Atomwaffen vorstellt, dann ist die Energie seiner Gedanken nicht ausreichend, um die Atomwaffenpolitik entsprechend zu beeinflussen.

Erst, wenn es dem einzelnen Positiv-Denker gelingt, im Denken vieler Millionen anderer Menschen die gleichen Gedankengänge auszulösen, so daß eine weltüberspannende geistige Bewegung entsteht, die die Vorstellungen einer Welt ohne Atomwaffen in sich trägt, kann der Punkt erreicht werden, wo diese Vorstellung auf die Gesamtmenschheit überspringt und sich verwirklicht.

Das Klagen der Menschen über die Schlechtigkeiten der Welt ist durch positives Denken auch nicht zu beseitigen. Jeder ist seines eigenen Geistes Hüter und wenn jemand darauf besteht, sein Denken mit den negativen Vorfällen des Lebens anzufüllen, so ist das seine Entscheidung, und er muß mit den Ergebnissen leben.

Die Philosophie ist, daß die ganze Welt um so positiver wird, je mehr aktive Positiv-Denker es gibt. Jeder einzelne Mensch, der sich zum positiven Denken entschließt und dies praktiziert, leistet einen Beitrag zu einer positiven Welt.

Eigenes Positiv-Denken kann auch nicht erreichen, daß ein anderer Mensch, der sich nicht überzeugen lassen will, überzeugt wird. Diese Überzeugung muß aus der innersten Erkenntnis jedes einzelnen hervorgehen, daß positives Denken eine Kraft ist, die etwas bewirken kann.

Auch die Frage, ob man anderen Menschen mit dem eigenen Denken gegen ihren Willen schaden kann, ist ganz eindeutig mit nein zu beantworten. Als Beispiel eine Beeinflussung durch negatives Denken:

Es ist zwar richtig, daß wir unsere Gedanken an das gemeinsame Unterbewußtsein aller Menschen weitergeben und wir auch über negative Gedanken einen anderen Menschen erreichen und negativ beeinflussen können. Entscheidend allerdings ist, daß sich dieser andere Mensch selbst auf die Ebene des negativen Denkens begibt. Erst dann zieht er die negativen

Gedanken anderer Menschen an und kann unter diesen leiden. Wir allein haben jedoch niemals die Macht, einen anderen Menschen auf die Ebene negativen Denkens zu ziehen, dorthin muß er selbst gehen. Auch wenn jemand glaubt, daß andere für seine negative Denkweise verantwortlich sind, so ist doch er selbst es, der die Entscheidung trifft, diese Negativbeeinflussung aufzunehmen. Bleibt er auf der Ebene positiven Denkens kann ihm kein Schaden durch negatives Denken anderer zugefügt werden. Genauso verhält es sich bei der Beeinflussung anderer durch positives Denken:

Wir arbeiten beim positiven Denken auch mit den Kräften des Universums, die sich der völligen Beeinflussung durch den menschlichen Geist entziehen. Aber auch die Energien, die wir durch positives Denken zum Einsatz bringen, sind nicht in der Lage, einen anderen Menschen gegen seinen Willen zur Mitwirkung an unseren Plänen zu bringen. Das Unterbewußtsein kennt kein EGO und keine Manipulationstendenzen. Es besteht aus Bewußtseinsinhalten und zieht Menschen mit übereinstimmenden oder ähnlichen inneren Interessen an.

Lassen wir uns also nicht unter Druck setzen! Positives Denken erzielt immer positive Lösungen, für alle Beteiligten, und ist nur zu erfahren, wenn man es praktiziert. Die Kraft positiven Denkens ausschließlich rational mit dem »Kopf« erfassen zu wollen, ist unmöglich. Diskussionen mit Menschen, die an dieses Thema nur rational herangehen, sind immer zum Scheitern verurteilt. Wenn mir Leute erzählen wollen, was sie vom positiven Denken halten, wie ihre Meinung darüber ist, dann frage ich sie immer danach, was sie *tun*, nicht was sie *meinen*.

»Es reicht nicht aus, ab und zu ein Buch zu lesen oder ein Seminar zu besuchen, es kommt auf die tägliche Arbeit an sich selbst an.«

Was verhilft uns zu mehr Erfolg beim positiven Denken im Alltag?

Ich bin der Auffassung, daß es an der Zeit ist, daß die positiv denkenden Menschen sich offen zum positiven Denken bekennen und sich zusammenschließen. Bücher lesen allein genügt nicht. Wichtig ist es, mit anderen Menschen ins Gespräch zu kommen, um sich gegenseitig bei der praktischen Anwendung des positiven Denkens im Alltag zu unterstützen.

Meine Idealvorstellung wäre es, daß sich überall Kreise von Leuten bilden, die sich regelmäßig treffen, um ausschließlich über positives Denken und die schöpferische Kraft des Geistes zu sprechen. Auf diesen Treffen muß es möglich sein, daß jeder den Mut hat zuzugeben, welche Schwierigkeiten er bei der Umsetzung des positiven Denkens hat. Andere Teilnehmer könnten ihre eigenen Erfahrungen schildern. Dieser Erfahrungsaustausch würde den Lernfortschritt aller Teilnehmer wesentlich beschleunigen.

Als Beispiel möchte ich hier das POSITIV-CENTRUM in Bremen anführen, das ich seit über zwei Jahren leite. Das POSITIV-CENTRUM ist eine von mir 1985 gegründete Begegnungsstätte für positives Denken, nach der oben ausgeführten Idee. Es gibt bereits Tausende von Interessenten, und regelmäßige Teilnehmer kommen dort täglich zusammen. Die Zahl der festen Mitglieder steigt ständig.

Der von mir gegründete und geleitete Verein »POSITIV-Vereinigung positiv denkender Menschen e.V.« richtet in Zusammenarbeit mit dazu geeigneten Mitgliedern überall im deutschsprachigen Raum sogenannte POSITIV-Kreise ein, in denen wöchentlich oder jede zweite Woche ein Gesprächsabend über positives Denken stattfindet (nähere Angaben hierzu am Schluß dieses Buches). Darüber hinaus gibt es einige andere Gruppen im deutschsprachigen Raum, die sich unter ähnlicher Zielsetzung konstituiert haben und ähnliche Arbeit leisten. Diese Gruppen können das praktische Training des positiven Denkens entscheidend beschleunigen und den persönlichen Fortschritt der Teilnehmer auf ihrem Weg zum Erfolg durch positives Denken deutlich steigern. Da es auf dem geistigen Sektor keine trennenden Schranken gibt, sehen sich wirklich bewußte Gruppen niemals als Konkurrenz zueinander an. Ein Zusammenschluß aller Gruppen positiv denkender Menschen im deutschsprachigen Raum würde jedoch eine weit größere Kraft darstellen, als die derzeitigen Einzelgruppierungen. Jeder interessierte Mensch könnte, egal in welche Stadt er kommt, an einem Kreis über positives Denken teilnehmen. Der POSITIV e.V. hat auch das Ziel, diesen Zusammenschluß zu organisieren.

Die bloße Teilnahme an Diskussionskreisen positiv denkender Menschen wird jedoch kaum jemanden zum Positiv-Denker machen. Jeder muß selbst an sich und seinen Fehlern arbeiten, die ihn vom Positiv-Denken abhalten. Hierzu brauchen wir ein praktisches System der Selbstkontrolle, das uns sofort auf unsere Fehler bei der Praxis des positiven Denkens hinweist, damit wir selbst korrigierend eingreifen können. Das von mir entwickelte POSITIV-System erfüllt diese Aufgabe. Trainieren Sie anhand des POSITIV-Systems Ihre Fähigkeit, positiv zu denken, und sie werden erfolgreicher sein.

Teil 2

Das POSITIV-System

»Nun endlich weiß ich,
was mir fehlt,
was mich bedrückt
und was mich quält;
ich bin nicht faul,
ich bin nicht krank
und fand doch nie
des Lebens Rank;
ich schaffe so
wie er und du
und finde trotzdem
niemals Ruh;
wohin ich blick'
in Angst und Bangen
sind Dinge,
die ich angefangen,
und immer wieder
denk ich dran:
mir fehlt ein Plan,
mir fehlt ein Plan!
Nun weiß ich endlich,
was mir fehlt,
was mich bedrückt
und was mich quält;
ich mache dies,
ich mache das,
doch ohne Ziel
und ohne Maß;
wie manches wäre
schon getan,
hätt' ich nur *endlich
einen Plan!*«
Douglas Malloch

Wie sieht das POSITIV-System aus?

Das POSITIV-System besteht aus sieben Punkten. Diese Punkte basieren auf dem Wort POSITIV und umfassen alle wichtigen Bereiche, die zu beachten sind, wenn man Erfolg durch positives Denken haben will.

Diese sieben Punkte bauen nicht aufeinander auf wie ein Stufenplan, sondern sie greifen ineinander und sind miteinander verknüpft. Jeder

Mensch praktiziert diese sieben Punkte bereits jetzt mehr oder weniger gut.

Sinn des POSITIV-Systems ist es, jedem, der wirklich an der praktischen Anwendung des positiven Denkens im täglichen Leben interessiert ist, einen *Plan* in die Hand zu geben, nach dem er sich richten kann und an dem er eine Selbstkontrolle durchführen kann, wenn er Schwierigkeiten bei der Anwendung des positiven Denkens hat. Denn hier liegt das Hauptproblem!

Bei der Fülle der täglich auf uns hereinstürzenden Ereignisse ist es oft gar nicht so einfach, sich intuitiv richtig zu verhalten und immer vom bereits verwirklichten Ziel her zu denken!

Häufig ist es so, daß wir in unseren Büchern nach Beispielen suchen, die genau auf unsere derzeitige Lage passen und uns den Schlüssel zur Lösung unserer augenblicklichen Lebenssituation geben sollen. Wenn wir diese Lösung nicht finden, stehen wir häufig da wie der »Ochs vorm Berg« und wissen nicht mehr weiter.

Das POSITIV-System ist ein unumstößliches Konzept, das uns immer auf unseren Schwachpunkt beim Positivdenken zurückführt, um jene Bereiche zu erkennen, an denen wir ansetzen müssen. Die beigefügten Checklisten ermöglichen es, relativ schnell die eigenen Verhaltensschwachpunkte zu entdecken.

Das POSITIV-System wurde von mir in der Praxis meines eigenen Lebens sowie durch meine Arbeit als Berater und Seminarleiter entwickelt. Es ist ganz bewußt knapp gehalten und verzichtet auf ausführliche Hintergrundinformationen zu den genannten Methoden. Hierzu verweise ich nochmals auf die Lektüre hervorragender Fachbücher.

Sinn des POSITIV-Systems ist, dem Anwender eine schnelle, unkomplizierte Hilfe bei der Überwindung von Schwierigkeiten auf dem Weg zum erfolgreichen Positiv-Denker zu sein. Es listet die Richtlinien für positives Denken systematisch auf.

Nun noch eine Anmerkung zum Wort *Erfolg*:

Die Frage, was Erfolg für einen positiv denkenden Menschen eigentlich bedeutet, ist nicht allgemeingültig zu beantworten. Jeder Positiv-Denker wird eine andere Meinung dazu haben. Im Gegensatz zu anderen Lehrern, die von ihren Anhängern Angepaßtheit verlangen, ist das Ziel des positiven Denkens die ganz individuelle Persönlichkeitsentwicklung jedes einzelnen. Die einzige Gemeinsamkeit der positiv denkenden Menschen untereinander ist die angewandte Methode.

Wenn ein Mensch das Ziel hat, reich zu werden, so kann er dies mit dieser Methode genauso erreichen, wie das Ziel gesund, harmonisch, schlank oder erfolgreich zu sein. Eine wesentliche Aufgabe des positiv denkenden Menschen ist darum, sich über seine ganz persönlichen Ziele klar zu werden.

Es ist für einen außenstehenden Menschen nicht möglich, sofort zu erkennen, ob jemand ein erfolgreicher Positiv-Denker ist. Hierzu muß erst festgestellt werden, ob die persönlichen Lebensumstände desjenigen mit seinen ureigenen Wünschen und Vorstellungen übereinstimmen.

Denn das ist ja *Ziel* des positiven Denkens:
Ein Leben zu führen, das mit den eigenen Wünschen und Vorstellungen übereinstimmt.

Das ist der entscheidende Maßstab für Erfolg durch positives Denken. Daß hierzu noch *ethische Grundlagen* gehören, versteht sich von selbst.

Wie bereits gesagt, basiert das POSITIV-System auf den sieben Buchstaben des Wortes POSITIV. Das hat den Vorteil, daß man sich diese sieben Punkte sehr leicht merken kann.

Und so sieht das POSITIV-System aus:

P = Persönliche Verantwortung
O = Offene Kommunikation
S = Sorgfältige Zielformulierung
I = Imagination und Fantasie
T = Tatkraft und Ausdauer
I = Im Jetzt leben
V = Völliges Vertrauen

Auf den ersten Blick haben nicht alle diese Punkte etwas mit dem positiven Denken zu tun. Besonders die Bereiche »*Persönliche Verantwortung*«, »*Offene Kommunikation*« sowie *Tatkraft und Ausdauer*« kommen in der hier dargestellten Form in der vorhandenen Literatur über positives Denken nur wenig zur Geltung. Ich habe jedoch die Erfahrung gemacht, daß diese Punkte von allen wirklich erfolgreichen Positiv-Denkern angewandt werden.

Bevor Sie mit dem POSITIV-System arbeiten, möchte ich Ihnen noch einige Ratschläge geben:

Zuerst müssen Sie sich ganz klar darüber werden, was jeder dieser sieben Punkte im einzelnen bedeutet. Wenn Sie nicht genau verstehen, was im Hinblick auf das positive Denken mit diesen Begriffen gemeint ist, kann es leicht zu falschen Interpretationen kommen. Das genaue Verständnis der Bedeutung dieser sieben Punkte ist Voraussetzung, wenn Sie mit diesem System erfolgreich arbeiten und trainieren wollen.

Für alle Menschen, denen es schwerfällt, sich im Selbststudium mit diesem System zu üben und die darüber hinaus mit diesem System besser vertraut werden wollen, werden vom POSITIV-CENTRUM aus Kurse und Seminare zum POSITIV-System angeboten und regelmäßig durchgeführt. Sie finden im POSITIV-CENTRUM in Bremen und nach Vereinbarung im gesamten deutschsprachigen Raum statt. Es empfiehlt sich, an einem solchen Grundseminar einmal teilzunehmen, wenn der Wunsch nach einer persönlichen Einführung in das POSITIV-System besteht.

Zum besseren Verständnis wird nachfolgend jeder einzelne Punkt des POSITIV-Systems etwas genauer erläutert, bevor wir detailliert auf jeden der sieben Punkte eingehen.

Jeder, der heute Tennis spielen lernen möchte, ist gerne bereit, Unterrichtsstunden zu nehmen. Wenn es um die Umkehrung des Lebens in eine positive Gegenwart und Zukunft durch positives Denken geht, so sollte doch mindestens ein gleich großer persönlicher Einsatz erwartet werden können. Wenn Sie dieses Buch lesen und sich das POSITIV-System erarbeiten, zeigen Sie, daß *Sie* diese Bereitschaft und das nötige Durchhaltevermögen mitbringen.

**Was bedeuten die sieben Punkte des POSITIV-Systems?
Ein Überblick**

P = *Persönliche Verantwortung*

Begreifen Sie, daß die Ursachen für Ihre persönlichen Lebensumstände in Ihnen selbst liegen. Alle Kräfte, die nötig sind, um Ihr Leben zum Positiven zu verwandeln, sind bereits in Ihnen vorhanden. Daher ist es unbedingt erforderlich, die Verantwortung für sich selbst zu übernehmen.

O = *Offene Kommunikation*

Achten Sie darauf, daß Ihre Gespräche, was Sie sagen, mit Ihren Gedanken und Gefühlen übereinstimmen. Sie haben, wie jeder Mensch, das Recht, alles auszusprechen, was mit Ihrem Innersten übereinstimmt. Wenn Sie negativ über einen anderen Menschen denken und versuchen, oberflächlich mit ihm auf »gut Wetter« zu machen, so wirken dennoch Ihre inneren Gedanken und Gefühle.

S = *Sorgfältige Zielformulierung*

Das Unterbewußtsein verwirklicht am einfachsten ein präzise formuliertes Ziel, so daß der Aufgabe der sorgfältigen Zielformulierung besondere Bedeutung zukommt. Ein Ziel muß immer von der bereits erreichten positiven Verwirklichung her formuliert werden.

I = *Imagination und Fantasie*

Sprechen Sie die Sprache Ihres Unterbewußtseins und betreiben Sie *täglich* Entspannung, Imagination und kreative Visualisierung. Sehen Sie sich in Ihrer Fantasie mit Hilfe Ihrer Vorstellungskraft bereits am Ziel, werden alle Kräfte Ihres Geistes die erwünschten Umstände in Ihr Leben ziehen.

T = *Tatkraft und Ausdauer*

Wenn Sie etwas tun können, um Ihr Ziel zu erreichen, so beginnen Sie tatkräftig mit der Ausführung und beweisen Sie Ausdauer bei auftretenden Rückschlägen. Die meisten Menschen bringen nicht die Kraft auf, den ersten *und* den letzten Schritt zu tun, die zum Erfolg nötig sind.

I = *Im Jetzt leben*

Seien Sie sich bewußt darüber, daß der einzige Augenblick, der wirksam Ihr Leben verändern kann, das JETZT ist. Konzentrieren Sie sich jetzt darauf, positives Denken zu praktizieren. Ihr Leben ist JETZT.

V = *Völliges Vertrauen*

Glauben Sie fest daran, daß Ihr Geist über alle Fähigkeiten verfügt, die für ein positives Leben nötig sind. Vertrauen Sie völlig auf die Verwirklichung Ihrer Träume. Erwarten Sie das rechtzeitig eintretende Ergebnis in heiterer Gelassenheit.

Persönliche Verantwortung

> »Jeder Mensch hat bei der Geburt alle nötigen Kräfte zur Erreichung seiner persönlichen Lebensziele mitbekommen.«

Was bedeutet dieser Punkt?

Das POSITIV-System arbeitet gezielt mit der Kraft des positiven Denkens.

Jeder Mensch hat die alleinige Verantwortung dafür, was und wie er denkt. Diese Verantwortung kann er niemals auf einen anderen Menschen abschieben.

Es gibt niemanden außer uns, der uns dazu zwingen kann, Gedanken und Gefühle zu haben, die wir nicht haben wollen!

Alles, was uns in unserem Leben begegnet, wirkt von innen nach außen. Ausgangspunkt ist unser inneres Denken, Fühlen und Glauben. Die Lösung für alle Probleme muß daher immer in uns selbst Ihren Anfang nehmen.

Wenn wir also wissen, daß unser eigenes Denken und Fühlen die wichtigste Kraft in unserem Leben darstellt, und wenn wir außerdem begriffen haben, daß niemand uns Gedanken oder Gefühle eingeben kann, wenn wir es ihm nicht erlauben, so ist klar ersichtlich, worin die persönliche Verantwortung besteht.

Wir haben jederzeit die persönliche Verantwortung dafür, daß unser eigenes Denken, Fühlen und Glauben auf positive Möglichkeiten ausgerichtet ist und daß wir jeden auftauchenden negativen Gedanken schnellstmöglich durch einen positiven Gedanken ersetzen!

Doch diese Verantwortung sollte nicht in erster Linie als Belastung gesehen werden, obwohl es sicher nicht einfach ist, die alte Gewohnheit des negativen Denkens aufzulösen. Der tiefere Hintergrund der persönlichen Verantwortung ist eine ungeheure Chance, aus eigener Kraft seine Probleme zu lösen.

Jeder Mensch trägt alle erforderlichen Kräfte zur Lösung aller auf ihn zukommenden Schwierigkeiten in sich!

Wir haben die Fähigkeit, durch bewußte Kooperation mit der kosmischen Intelligenz, die wir über unsere eigenen Gedanken ansprechen und für unsere Ziele einsetzen können, alle auftretende Probleme positiv zu lösen. Diese Fähigkeit hat jeder Mensch; sie ist ein Geburtsrecht.

Da wir unsere eigenen Gedanken nur selbst denken können, und da niemand anders uns diese Aufgabe abnehmen kann, müssen wir bewußt die Verantwortung dafür übernehmen, unsere eigenen Gedanken und Gefühle richtig einzustellen, unsere eigenen Glaubensvorstellungen auf Erfolg auszurichten und daran so lange festzuhalten, bis der Erfolg eingetreten ist.

Wer anderen Menschen die Schuld dafür gibt, daß es ihm nicht so gut geht, wie er es sich wünscht, hat die Bedeutung der Kraft der eigenen Gedanken und der persönlichen Verantwortung noch nicht verstanden. Wir können niemals anderen die Schuld dafür geben, was wir selbst verursacht haben, oder was uns noch zustoßen wird! Der entscheidende Faktor für unsere Erlebnisse ist unsere eigene innere Einstellung zu den Dingen. Dafür sind wir persönlich verantwortlich.

In welchem Verhältnis steht die persönliche Verantwortung zu den anderen sechs Punkten?

Persönliche Verantwortung

Immer überlegen: Was kann *ich* selbst ändern an meinem eigenen Denken, Fühlen und Glauben und an meinem Verhalten?

Niemals anderen Menschen und ihren Gedanken oder ihrem Verhalten die Schuld geben für die eigene Situation.

Persönliche Verantwortung macht frei von äußerem Zwang und setzt eigene Kräfte für positive Entwicklungen in Bewegung!

Offene Kommunikation

Ich selbst habe die Verantwortung dafür, die Kommunikation mit meinen Mitmenschen auf eine ehrliche und offene Basis zu stellen.

Ich übernehme die persönliche Verantwortung dafür, daß zukünftig meine innersten Gedanken und Gefühle und meine Gespräche in Einklang stehen, und daß ich den Mut habe, das zu sagen, was ich im Innersten denke und fühle!

Ich warte nicht mehr darauf, daß der andere den ersten Schritt macht, die Kommunikation mit mir zu verbessern, sondern ich bin selbst derjenige, der beginnt, das Verhältnis auf eine neue, offene Grundlage zu stellen.

Sorgfältige Zielformulierung

Es liegt in meiner persönlichen Verantwortung, dafür zu sorgen, daß ich mir nur Ziele setze, die ich aus meinem Innersten heraus erreichen will.

Ich sorge dafür, daß ich eine Zielformulierung erstelle, die vom bereits verwirklichten Ziel ausgeht, und daß ich mich immer mit dem bereits erreichten Ziel identifiziere.

Ich gebe niemandem außer mir die Schuld, daß ich nicht weiß, was ich will, oder daß ich glaube, nicht frei meine Ziele bestimmen zu können.

Ich erinnere mich ständig daran, daß es keine Person gibt außer mir selbst, die Macht darüber hat, welche Ziele ich mir setze und wie ich mir meine Zukunft vorstelle.

Imagination und Fantasie

Ich selbst bin dafür verantwortlich, die Inhalte meiner Fantasie auf meine Ziele einzustellen und meine kreative Vorstellungskraft regelmäßig einzusetzen.

Sobald ich merke, daß ich mir Entwicklungen vorstelle, die ich nicht erleben möchte, setze ich sofort meine Imaginationsübungen zu meinen erwünschten Zukunftsvorstellungen fort.

Ich selbst bin der einzige Mensch, der die Macht hat, die Kraft der kosmischen Intelligenz in mein Leben zu ziehen und der einzige Weg hierzu führt über meine eigene Imagination und Fantasie.

Tatkraft und Ausdauer

Wenn ich mir einen Plan erstellt habe, welche Aktivitäten mich in Richtung auf mein Ziel voranbringen können, dann bin ausschließlich ich dafür verantwortlich, die Tatkraft aufzubringen, diese Aufgaben auch durchzuführen.

Immer, wenn ich einen Rückschlag erleide, wenn sich ein Weg als nicht erfolgreich herausgestellt hat, bin ich allein derjenige, der mich zum Weitermachen bringen kann bis zum Ziel.

Im Jetzt leben

Jedesmal, wenn ich wieder der Versuchung unterliege, mich intensiv über etwas zu sorgen, was in der Zukunft liegt, oder mir immer wieder die Fehler und schlechten Erfahrungen der Vergangenheit durch den Kopf gehen, liegt es an mir, dafür zu sorgen, daß ich damit aufhöre.

Ich muß mich täglich daran erinnern, daß ich jetzt positiv zu denken habe, und daß die einzige Zeit, in der ich etwas bewirke, *jetzt* ist.

Völliges Vertrauen

Zweifel und Angst kommen nicht von höheren Mächten zu uns. Wir sind ihnen nicht ausgeliefert. Wenn ich mein Vertrauen in die positiven Kräfte in mir verliere, trage ich selbst die Verantwortung dafür, dieses wieder zu erreichen.

Ich selbst trage die Verantwortung dafür, die Heilungskräfte in mir, die positive Auswirkung der kosmischen Intelligenz, die in mir vorhanden ist und die nur darauf wartet, daß ich sie zulasse, freizusetzen.

Wenn ich glaube, daß ich keine Kraft mehr habe, muß ich immer selbst die Schleusen des Guten öffnen und mich in völligem Vertrauen an Gott, die kosmische Intelligenz wenden.

Offene Kommunikation

> Die offene Kommunikation ist eine entscheidende Grundlage für den Erfolg, denn es wirkt immer die innere Einstellung.

Was bedeutet dieser Punkt?

Unsere Gespräche mit anderen Menschen haben wesentlich mehr Einfluß auf unseren Erfolg als wir gemeinhin glauben. Wenn sich zwei Menschen unterhalten, so wirkt immer das innere Gefühl, das diese Menschen zueinander haben. Sollte also jemand glauben, er könne auf offene Gespräche mit seinen Mitmenschen verzichten, so kann er in große Schwierigkeiten kommen.

Wenn wir einem anderen Menschen gegenüber kritisch eingestellt sind oder etwas an seinem Verhalten uns nicht gefällt, so führt das meistens dazu, daß wir gegenüber diesem Menschen innerlich negativ eingestellt sind. Wenn wir aber in unseren Gesprächen mit diesem Menschen nicht auf unsere wahren Gedanken und Gefühle eingehen, sondern oberflächlich freundlich sind, und wenn wir versuchen, nicht zu zeigen, was wir wirklich denken und fühlen, so schaffen wir uns damit erhebliche Probleme: Nicht, was wir dem anderen Menschen sagen, wirkt sich aus, sondern unsere wahren Gedanken und Gefühle über ihn sind die Kraft, die zur Auswirkung drängt.

Wenn wir Übel vermeiden wollen, so müssen wir uns daran gewöhnen, unsere Gedanken und unsere Gesprächsinhalte in Einklang zu bringen. Wenn wir zum Beispiel eine Meinungsverschiedenheit haben, so ist es viel besser, unserem Gesprächspartner zu sagen: »Ich denke über diesen Punkt anders als Du!«, als so zu tun, als wären wir seiner Meinung, obwohl wir innerlich dagegen sind.

Es gibt klare Untersuchungsergebnisse, die aussagen, daß es zwei Menschen stark emotional verbindet, wenn sie sich über ihre trennenden Gedanken aussprechen und wenn sie wissen, daß der andere ihnen offen sagt, was er denkt.

Eine Selbstverständlichkeit sollte sein, daß wir uns in einem solchen Fall bemühen, den anderen auf eine Art anzusprechen, die es ihm ermöglicht, sein Gesicht zu wahren. Es empfiehlt sich, etwa so zu formulieren: »Ich finde Dich ganz in Ordnung, aber es gibt eine Sache, die ich gerne einmal mit Dir besprechen möchte, die uns trennt und die wir einmal ausräumen sollten, damit wir uns noch besser verstehen!«

Auf diese Art ausgesprochene Kritik greift das Selbstwertgefühl unseres Gesprächspartners nicht an und ermöglicht offene Kommunikation zum Nutzen beider Seiten.

Alle Menschen, die glauben, daß sie nicht das Recht haben, Gedanken und Gefühle, die einem anderen Menschen nicht gefallen, zu äußern, sollten sich über die damit verbundenen Probleme bewußt werden. Erstens geht die wirkliche Kraft ja doch von den inneren unterdrückten Gedanken aus und zweitens kann eine nicht geäußerte Meinung niemals zu wirklichem Verständnis – zu einer positiven Kommunikation mit dem anderen Menschen führen. Wir alle mögen es nicht, wenn wir das Gefühl haben – der andere sagt nicht, was er denkt. Aber den größten Schaden fügen wir uns selbst zu. Wir verleugnen unseren wahren Selbstausdruck, und das ist nicht positiv. Es gibt immer positive Möglichkeiten, zu sagen, was man denkt.

In welchem Verhältnis steht die offene Kommunikation zu den anderen sechs Punkten?

Persönliche Verantwortung

Ich selbst bin dafür verantwortlich, eine harmonische und positive Kommunikation zu entwickeln.

Selbst wenn alle Menschen in meiner Umgebung scheinbar nicht in der Lage sind, offene und positive Gespräche zu führen, so liegt es dennoch bei mir selbst, diesen Kreislauf zu durchbrechen und mit einer offenen Gesprächsweise anzufangen.

Ich selbst habe die Fähigkeit, mit allen Menschen zu einer angenehmen und ehrlichen Gesprächsbasis zu finden, die meiner eigenen positiven Zukunftsvorstellung nicht im Wege steht.

Offene Kommunikation

Ich spreche immer aus, was ich wirklich denke, und es ist mein gutes Recht. Wenn meine Gedanken nicht positiv sind, dann gebe ich diese frei und ersetze sie durch konstruktive und angenehme Gedanken, die ich auch aussprechen kann.

Sorgfältige Zielformulierung

Wenn ich Ziele habe, die andere Menschen einbeziehen, so ist es meine Aufgabe, durch offene Gespräche mit diesen Menschen herauszufinden, ob sie wirklich bereit sind, sich meinem Ziel anzuschließen.

Verdeckte Kommunikation dieser Art führt immer zu unangenehmen Überraschungen auf meinem Weg zum Ziel beziehungsweise sobald ich es erreicht habe: Vielleicht will der »Andere« seine ihm zugedachte Rolle in meinem Plan gar nicht spielen? – Dies kläre ich durch offene Kommunikation rechtzeitig ab.

Imagination und Fantasie

Ich kann meine Imaginations-Übungen nur machen, wenn die Menschen, mit denen ich lebe, mich für eine bestimmte Zeit des Tages in Ruhe lassen. Es ist meine Aufgabe, durch ein offenes Gespräch dafür zu sorgen, daß mir diese Zeit ungestört zur Verfügung steht.

Ich klage nicht darüber, daß ich nicht in Ruhe gelassen werde, sondern ich gehe offen auf die anderen zu und rede mit ihnen über meine Bedürfnisse.

Tatkraft und Ausdauer

Wenn ich mir ein hohes Ziel gesetzt habe, das nur mit Tatkraft und Ausdauer erreicht werden kann, so muß ich in offenen Gesprächen mit meinen Mitmenschen dafür sorgen, daß ich nicht daran gehindert werde, die nötigen Aktivitäten zu erbringen. Wenn ich nicht in einer offenen Aussprache darauf aufmerksam mache, daß ich in der nächsten Zeit einige außergewöhnliche Aufgaben übernommen oder mir vorgenommen habe, so kann das leicht zu Frustrationen in der Familie führen, die unsere Abwesenheit falsch verstehen kann.

Ich gehe niemals davon aus, daß die anderen es schon merken werden, warum ich weniger Zeit habe, und ich sorge selbst durch offene Kommunikation dafür, daß ich im Falle eines Rückschlages motivierende Unterstützung zum Durchhalten bekomme.

Im Jetzt leben

Ich sorge durch offene Gespräche mit meinen Mitmenschen dafür, daß meine Weigerung, mich immer wieder mit den negativen Aspekten der Vergangenheit zu beschäftigen, und meine Weigerung, immer über das, was morgen sein wird, besorgt zu sein, verstanden wird.

Ich habe die Fähigkeit, meine eigenen Gespräche *heute* so zu gestalten, daß sie nur Gutes und Wünschenswertes hervorbringen können.

Ich sorge durch klare Gespräche dafür, daß ich nicht ständig mit den Worten konfrontiert werde, die ich früher einmal gesagt habe, heute aber nicht mehr sagen will.

Völliges Vertrauen

Worte sind Dinge. Ich weiß, daß meine ausgesprochenen Worte den Ausdruck einer inneren Kraft darstellen, die die entsprechenden Dinge in mein Leben zieht. Daher sorge ich dafür, daß meine Worte voller Vertrauen und Zuversicht sind und ich beteilige mich nicht an Gesprächen über negative Dinge der Vergangenheit, Gegenwart oder Zukunft.

Ich verzichte auf Diskussionen des Zweifels und der Sorge über Dinge, die passieren könnten, weil ich weiß, daß meine Worte in mein Unterbewußtsein dringen und dort wirken. Ich vertraue darauf, daß ich in der Lage bin, meine Gespräche positiv zu gestalten.

Sorgfältige Zielformulierung

> Das Unterbewußtsein verwirklicht am leichtesten ein klar formuliertes Ziel, das als bereits verwirklicht dargestellt wird.

Was bedeutet dieser Punkt?

Die Arbeit mit den Kräften des eigenen Unterbewußtseins erfordert die Beachtung einiger Grundregeln bei der Zielformulierung.

Die erste Frage, die ich mir stellen muß, ist die nach dem für mich ganz persönlichen Wert meines angestrebten Zieles.

Wenn ich selbst dies Ziel gar nicht erreichen möchte und es sich – was sehr häufig vorkommt – um ein von Eltern, Partner, Arbeitgeber oder anderen gesetztes Ziel handelt, so wird in uns die innere Stimme der Ablehnung immer stärker sein als das uns von anderen vorformulierte Ziel!

Nachdem ich mich davon überzeugt habe, daß ich dieses Ziel aufgrund meiner persönlichen Neigungen und ureigenen Entscheidung gewählt habe, kann ich die weiteren Einzelheiten der Zielformulierung beachten.

Das angestrebte Ziel wird bereits im Augenblick, in dem ich es als feste Erwartung in mein Unterbewußtsein versenke, Realität auf geistiger Ebene. Dort ist es bereits genauso wahr und greifbar wie Dinge, die wir sehen und anfassen können.

Es dauert eine gewisse Zeit, bis das gewünschte Ziel sichtbar wird. Dies ist abhängig von der Intensität der Zielvorstellung, der regelmäßigen Anwendung der nötigen Methoden zur Zielverstärkung.

Die Hauptaufgabe besteht also darin, das einmal gewählte Ziel und die erstellte Zielformulierung so lange festzuhalten und sie regelmäßig zu wiederholen, bis das Ergebnis erreicht ist.

Wenn wir zum Beispiel das Ziel haben, eine bestimmte Berufstätigkeit zu erreichen, die im Augenblick noch nicht Wirklichkeit ist, so müssen wir unser Ziel wie folgt formulieren: »Ich freue mich darüber, daß ich ein erfolgreicher Geschäftsführer (beispielsweise) bin! Ich danke dafür, daß ich es geworden bin!«

Der entscheidende Punkt liegt darin, das Ziel, welches erst in der Zukunft erreicht werden wird, als bereits erreicht anzusehen.

Diese Vorgehensweise wird oft falsch verstanden. Doch sie entspricht der Funktionsweise unseres Unterbewußtseins. Indem es zwei unterschiedliche Hinweise bekommt – erstens die tatsächliche Berufssituation als Realität und zweitens die angestrebte Berufssituation als gedachte und gefühlte Realität – *muß* es diese beiden Dinge in unserem äußeren Leben zur Übereinstimmung bringen, das ist geistiges Gesetz. Halte ich mein Ziel im Geiste fest, dann wird sich die Realität ändern und ich werde mein Ziel mit Sicherheit erreichen.

In welchem Verhältnis steht die sorgfältige Zielformulierung zu den anderen sechs Punkten?

Persönliche Verantwortung

Die sorgfältige Formulierung meiner Ziele kann mir niemand abnehmen. Wenn ich meine Ziele selbst erarbeite und selbst eine Formulierung finde, die mich wirklich motiviert, so wirkt die unterstützende Kraft des Unterbewußtseins weit stärker, als wenn ich mir Ziele anderer Menschen aufzwingen lasse.

Ich weigere mich, mir von anderen Ziele auferlegen zu lassen, die ich nicht mit meinen innersten Zielen vereinbaren kann, und ich übernehme die persönliche Verantwortung dafür, daß ich die sich hieraus ergebenden Konsequenzen gerne in Kauf nehme, weil sie meinem selbstgewählten Ziel dienen.

Offene Kommunikation

Wenn ein anderer Mensch mich mit Dingen konfrontiert, die nicht mit meinen Zielen übereinstimmen, so sage ich ihm offen, daß ich andere Pläne habe und mich nicht an seinem Plan beteiligen möchte.

Ich beklage mich nicht darüber, daß ich meine Ziele nicht erreiche, weil andere Menschen mich immer wieder für ihre eigenen Ziele einspannen, sondern ich sorge durch klare, positive, offene Gespräche dafür, daß diese Situation sich ändert.

Sorgfältige Zielformulierung

Ich setze mir nur Ziele, die ich aus völlig freier Entscheidung anstrebe. Ich achte darauf, daß meine Ziele mit meinen Neigungen und innersten Wünschen übereinstimmen.

Ich formuliere meine Ziele immer als bereits erfüllt und glaube fest an die Verwirklichung. Dadurch aktiviere ich die Kräfte meines Unterbewußtseins.

Ich strebe ein Ziel nach dem anderen an und setze mir bei hohen Zielen, die mehr Zeit erfordern, Zwischenziele, um durch Erfolgserlebnisse zwischendurch immer neu motiviert zu werden.

Imagination und Fantasie

Ich denke nicht alles durcheinander, sondern ich sorge durch klare Zielformulierung dafür, daß ich gezielte Fantasievorstellungen habe und ganz geplante regelmäßige tägliche Imaginations-Übungen machen kann.

Das Erlebnis meines bereits verwirklichten Zieles in meiner Fantasie setzt in mir die größte Kraft in Bewegung, über die der Mensch überhaupt verfügt.

Tatkraft und Ausdauer

Ich lasse nicht eher nach, bis ich meine Ziele genau kenne, und ich werde so lange an mir arbeiten, bis ich meine gewählten Ziele wirklich erreicht habe.

Ich bin mir bewußt, daß ich mit der Imagination und der Aufnahme meiner Tätigkeit warten muß, bis ich mein Ziel kenne.

Nur zielgerichtete Aktivität erbringt die gewünschten Ergebnisse. Sollte sich ein Rückschlag auf dem Wege zum Ziel einstellen, so gehe ich darüber hinweg und halte durch bis zum endgültigen Erfolg.

Im Jetzt leben

Alle meine Ziele formuliere ich bereits jetzt als verwirklicht. Ich weiß, daß es nicht heißt: »Ich werde eines Tages mein Ziel erreichen!«, sondern »Mein Ziel ist jetzt erreicht und ich danke dafür!«

Dies ist einer der wichtigsten Punkte. Deshalb werde ich mich immer wieder daran erinnern und bei der Zielformulierung immer berücksichtigen.

Völliges Vertrauen

Auch bei der Zielformulierung muß bereits das völlige Vertrauen deutlich werden.

Ich sage nie: »Ich hoffe, ich werde mein Ziel erreichen!« Es heißt bei mir immer: »Mein Ziel ist auf geistiger Ebene bereits erreicht und wird in Kürze in meinem Leben sichtbar!«

Gerade das völlige Vertrauen in die Erreichung meines Zieles bewirkt die Aktivierung jener Kräfte, die ich mit der Methode des positiven Denkens in meinem Leben zum Einsatz bringen will.

Imagination und Fantasie

> Das innere Bild ist ein Mittelding zwischen den eigenen Gedanken und Gefühlen und der Realität.

Was bedeutet dieser Punkt?

Der Gedanke allein ist es nicht, der unser Leben verändert. Nach neueren Erkenntnissen sind es die eigenen Vorstellungen und Bilder unserer Fantasie, die unsere Zukunft bauen.

Kinder sehen bei allen Erzählungen und auch, wenn sie selbst Geschichten durchlesen, automatisch Bilder über das Gehörte und Gelesene. Wenn es heißt, der Wolf kommt zur Tür herein, dann *sehen* Kinder vor ihrem geistigen Auge förmlich einen Film ablaufen, wie der Wolf zur Tür hereinkommt, und erleben dies natürlich viel intensiver, als wenn es sich nur um tote Worte handeln würde. Wir müssen deshalb wieder lernen, das gewünschte Ziel, nach dem wir streben, wie Kinder in Bilder zu fassen und als bereits verwirklicht vor unserem inneren Auge ablaufen zu lassen.

Die Intensität eines Bildes ist für unser Unterbewußtsein um ein Vielfaches größer als die eines Wortes. Je intensiver wir unsere Zukunft in Bildern »sehen«, um so sicherer ist der Erfolg.

Die Methoden des gezielten Einsatzes der Imagination und Fantasie sind vielfältig. Es gibt immer neue Methoden, doch für alle gilt die Voraussetzung: Wir müssen begreifen, daß wir regelmäßig unsere Fantasie aktivieren müssen, um uns in der angestrebten Situation immer wieder vor Augen zu haben und dem Unterbewußtsein den Eindruck zu vermitteln, daß die gewünschte Situation bereits Realität ist. Das Unterbewußtsein reagiert auf eingebildete Bilder genauso wie auf echte Bilder der Realität.

Unsere Fantasie und Vorstellungskraft ist immer schöpferisch tätig, und wir können damit ganz nach Wunsch in die Hölle oder in das Paradies fahren, die Entscheidung liegt nur bei uns selbst.

Auch bisher arbeiteten wir bereits mit unserer Fantasie und erzielten damit Ergebnisse. Die Frage ist nur, ob diese Ergebnisse mit unseren Wünschen übereinstimmten, oder ob es sich eher um die Verwirklichung negativer Fantasievorstellungen handelt.

Statt: »Was ich am meisten gefürchtet habe, ist über mich gekommen!«, sollte es heißen: »Was ich mir am stärksten als bereits verwirklicht vorgestellt habe, mein größter Wunsch, den ich hatte, ist Wirklichkeit geworden!«

In beiden Fällen arbeiten wir mit derselben Energie, mit denselben Kräften. Da das menschliche Gehirn jeweils immer nur *ein* Bild zur gleichen Zeit sehen kann, sollten wir durch gesteuerte Fantasie und kreative Vorstellungen unsere gewünschten Ziele intensiv als bereits erreicht sehen und uns über die Erreichung dieser Ziele freuen. Es sollte klar sein, daß zur Durchführung dieser Übungen ein innerlich entspannter Zustand nötig ist.

In welchem Verhältnis stehen die Imagination und Fantasie zu den anderen sechs Punkten?

Persönliche Verantwortung

Ich habe die persönliche Verantwortung dafür, daß ich die Methode der Imagination herausfinde, die meine Fantasie am ehesten in der gewünschten Weise aktiviert.

Ich sorge selbst dafür, daß ich jeden Tag gezielt die Übungen der kreativen Visualisierung durchführe.

Da ich weiß, daß die Imagination und die gezielt eingesetzte Fantasie eine Schlüsselstellung im POSITIV-System einnehmen, übernehme ich selbst die Verantwortung dafür, daß ich diese regelmäßig praktiziere.

Offene Kommunikation

Ich achte darauf, daß meine Gespräche nicht im Widerspruch zu meinen gewünschten Zukunftsvorstellungen stehen.

Ich spreche lieber öfter darüber, wie positiv sich alles in die Richtung meiner Ziele entwickelt, als daß ich mich über Rückschläge auf meinem Weg unterhalte.

Da sich jedes Wort in mir auch mit einem entsprechenden Gefühl verbindet, werde ich immer darauf achten, daß meine Worte nur die Gefühle in mir verursachen können, die meinen Fantasien entsprechen.

Sorgfältige Zielformulierung

Die Ziele, die ich mir gesetzt habe, bilden die Grundlage für meine Imaginationsübungen.

Ohne sorgfältige Zielformulierung ist der gezielte Einsatz der Imagination und Fantasie nicht möglich.

Da ich meinem Unterbewußtsein präzise Vorgaben geben möchte, bin ich immer bemüht, meine Zielvorstellungen in der Fantasie und auf meinen Zielformulierungen (s. Checklisten) zur Übereinstimmung zu bringen.

Imagination und Fantasie

Ich entspanne mich täglich zwei- bis dreimal und versenke mich in meine Ziele. Ich fühle mich so glücklich, wie ich mich fühlen werde, wenn ich mein Ziel erreicht habe.

Diese Übung erzeugt eine Spannung in meinem Unterbewußtsein, die dafür sorgt, daß das angestrebte Ziel Wirklichkeit wird.

Tatkraft und Ausdauer

Ich weiß, daß die regelmäßige Wiederholung der inneren Vorstellungsbilder einen ganz entscheidenden Faktor zur Zielerreichung darstellt. Deshalb werde ich diese Übungen fortsetzen, bis ich mein Ziel verwirklicht habe.

Gerade bei dieser Übung sind Tatkraft (die Arbeit an seinem Unterbewußtsein zu beginnen) und Ausdauer (diese Arbeit so lange fortzusetzen, bis das gewünschte Ergebnis eingetreten ist) von größter Bedeutung.

Im Jetzt leben

Alle Imaginationsübungen müssen so durchgeführt werden, daß ich mich *in meiner Vorstellung am gewünschten Ziel* sehe.

Ich beobachte mich dabei, was ich tue, wenn ich mein Ziel erreicht habe.

Ich mache nicht den weitverbreiteten Fehler und träume in meiner Fantasie: »Es wäre schön, so etwas zu erreichen.« – Das birgt die Gefahr in sich, daß mein begleitendes Gefühl sagt: »Aber ich habe es ja nicht erreicht.«

Völliges Vertrauen

Wenn ich meine Imaginations-Übungen mache, dann erfülle ich sie mit Einfühlungsvermögen und dem völligen Vertrauen darauf, daß mein Ziel wirklich erreicht ist.

Mit dieser Verhaltensweise befolge ich ein Bibelwort, das sagt:
»Euch geschehe nach Eurem Glauben!«

Ich weiß, daß ich mich darauf verlassen kann, das zu erhalten oder zu erreichen, was ich in meinem Innersten glaube.

Tatkraft und Ausdauer

> Viele Menschen bleiben im Wünschen und Hoffen untätig und vergessen, den ersten Schritt zu tun *und* den letzten.

Was bedeutet dieser Punkt?

Es gibt kaum Ziele, die erreichbar sind, ohne daß wir über die genaue Zielvorstellung und die gesteuerte Fantasie hinaus etwas tun müssen. Dann haben wir nichts weiter zu tun, als unser Bild festzuhalten, bis die Realisierung erfolgt ist.

In fast allen Fällen ist es jedoch sehr wohl nötig und sinnvoll, zur Unterstützung der Zielerreichung aktiv zu werden. Hier liegt für viele Menschen das Problem, das sie unbedingt lösen müssen, wenn das Ziel erreicht werden soll.

Wunschziele gehen nicht wie durch Zauberei, plötzlich, in Erfüllung. Im Gegenteil, der Weg zum Ziel setzt sich aus einer Fülle von Gelegenheiten, aus vielen kleinen Schritten, aus einer Reihe von scheinbaren Umwegen zusammen, die wir selbst erkennen, nutzen und beschreiten müssen.

Untersuchungen haben gezeigt, daß es den meisten Menschen besonders schwerfällt, zwei Dinge zu tun:
Die Kraft für den ersten Schritt aufzubringen – endlich mit der Zielformulierung anzufangen und die Vorstellung in die Tat umzusetzen, *und* die Ausdauer bis zum letzten Schritt aufzubringen, der nötig ist, um den endgültigen Sieg davonzutragen.

Wer wirklich Erfolg durch positives Denken haben will, muß bereit sein, alle Impulse zum Handeln zu befolgen, die ihm vom Unterbewußtsein immer wieder eingegeben werden.

Wenn wir uns ein Ziel eingeprägt haben und wenn wir regelmäßig Bilder der Zielerreichung »sehen«, so entwickelt sich in uns ein Gefühl, wir sollten dies oder jenes tun, zu *der* Stelle gehen oder mit jemandem Kontakt aufnehmen. Alle diese Impulse sind Hinweise der kosmischen Intelligenz in uns, die uns sagen will, was der nächste Schritt sein könnte, der uns dem Ziel näher bringen könnte.

Wenn wir diese Hinweise ignorieren, so dürfen wir uns nicht wundern, wenn unsere Wünsche nicht in Erfüllung gehen.

Sollte sich einer der Impulse als falsch herausgestellt haben oder sollten wir aus irgendeinem anderen Grunde einen Rückschlag auf unserem Weg erleiden, so ist es unbedingt erforderlich, wieder aufzustehen und weiterzumachen.

Bei der Lebensanalyse der erfolgreichsten Menschen stellte man fest, daß sie alle eines gemeinsam hatten: Sie gaben niemals auf beim Versuch, ihr Ziel zu erreichen!

Weiterhin haben diese Untersuchungen deutlich ergeben, daß der endgültige Durchbruch bei allen Erfolgsmenschen meistens direkt nach einer gewaltigen Niederlage eingetreten ist. Rückschläge sind oft der Test, ob wir wirklich an die Zielerreichung glauben.

In welchem Verhältnis stehen Tatkraft und Ausdauer zu den anderen sechs Punkten?

Persönliche Verantwortung

Ich selbst übernehme die Verantwortung dafür, mich aus der Lethargie zu befreien und aktiv zu werden.

Ich überlege mir genau, was zu tun ist, und baue tiefes Vertrauen auf, daß ich mein angestrebtes Ziel verwirklichen kann.

Sobald Rückschläge auftreten, stehe ich selbst dafür ein. Unbeirrt davon setze ich dennoch meine Bemühungen fort.

Offene Kommunikation

Ich spreche aus eigenem Antrieb die Personen an, die mir bei der Aufgabenerfüllung helfen können. Ich erwarte nicht, daß sie von selbst auf mich zukommen.

Ich bitte andere Menschen erst dann um Hilfe, wenn ich es allein nicht schaffen kann. (Wer nett und offen angesprochen wird, ist gerne bereit zu helfen.)

Sorgfältige Zielformulierung

Wenn ich mein großes Ziel kenne, dann stelle ich Teilziele, Aufgaben und Aktionspläne auf. Ich gehe ein Teilziel nach dem anderen an, so daß ich der Erreichung des Gesamtzieles immer näher komme.

Wenn ich auf diesem Weg einen Rückschlag erleide, dann formuliere ich mein Teilziel neu und starte einen neuen Versuch, bis ich es geschafft habe.

Imagination und Fantasie

In meiner Fantasie sehe ich mich, wie ich die Aufgaben, die ich mir gestellt habe, erfolgreich bewältige.

Ich stelle mir vor, daß es mir Freude macht, die notwendigen Aufgaben auszuführen oder sie erfolgreich zu bestehen.

Wenn ich eine Lösung brauche, mir aber die richtige Idee und der nötige Einfall fehlen, dann versuche ich gezielt, meine Fantasie für Eingebungen aus der kosmischen Ebene zu öffnen, um in meiner Fantasie Impulse, die mir auf meinem Wege weiterhelfen, zu erfahren.

Tatkraft und Ausdauer

Ich werde immer bereit sein, das Nötige zu tun, was erforderlich ist, um mich meinem Ziel näher zu bringen.

Die Fähigkeit, das Nötige im richtigen Augenblick zu tun, ist nicht weit verbreitet, ich aber gehöre zu den Menschen, die diese Fähigkeit besitzen.

Im Jetzt leben

Bei allem was ich tue, denke ich immer konzentriert an die Erfüllung meiner jetzt gewählten Aufgabe.

Ich bin mit meinen Gedanken nicht in der Zukunft und nicht in der Vergangenheit, sondern ich lenke meine Aufmerksamkeit nur auf das Jetzt. Dadurch bin ich immer in der Lage, meine Aufgaben ohne übermäßigen Streß zu erfüllen und kann alle meine Kräfte auf die Erfüllung dieser Sache ausrichten.

Völliges Vertrauen

Ich vertraue darauf, daß ich die gewählte Aufgabe leicht erfüllen kann und, daß bei eventuell auftretenden Schwierigkeiten, die kosmische Intelligenz in mir helfend eingreifen wird.

Ich weiß: Wer wirklich positiv denkt, findet im Falle der Not Unterstützung.

Ich bin davon überzeugt und hege keine Zweifel darüber, daß ich meine Ziele durch Tatkraft und Ausdauer und die anderen Übungen zum positiven Denken erreiche.

Im Jetzt leben

> Es gibt nur einen einzigen Augenblick, der Dein Leben verändern kann, und dieser Augenblick ist das Jetzt.

Was bedeutet dieser Punkt?

Eine der wesentlichsten Erkenntnisse für die Arbeit mit dem positiven Denken ist, daß jeder Gedanke, jedes Gefühl und jede Vorstellung immer nur im Jetzt wirksam sind.

Das Jetzt bietet die Möglichkeit, alle Gedanken, die wir in der Vergangenheit bezüglich unseres Lebens hatten, aufzulösen und neu zu denken.

Ebenso sind alle Vorstellungen über unsere Zukunft nur so lange für oder gegen uns wirksam, wie wir im Jetzt an diesen Bildern festhalten.

Diese Erkenntnis beinhaltet ein großes Versprechen:
Wir können jetzt alle Fehler, die wir in unserem Denken und Fühlen in der Vergangenheit gemacht haben, wieder auflösen und unwirksam machen.

Wenn wir in der Vergangenheit aus Unkenntnis oder aus einer Schwäche heraus negative Gedanken, Gefühle und Fantasien hatten, so brauchen wir uns hierüber jetzt keine Gedanken zu machen. Sie können sich nicht mehr in unserem Leben auswirken, wenn wir jetzt anders darüber denken.

Weil Sie jahrelang falsch gedacht haben, können sich viele Menschen kein besseres Leben mehr vorstellen. Dies ist nicht richtig; täglich schaffen wir ein neues Leben.

Denken Sie immer an den Spruch: »Heute ist der erste Tag vom Rest meines Lebens!« und glauben Sie daran, daß Sie jetzt und in jedem jetzt noch folgenden Augenblick ein besseres, neues Leben führen können, allein durch die Kraft Ihrer Gedanken, Gefühle und Vorstellungen, die Sie mit Hilfe der kosmischen Intelligenz verwirklichen.

Wenn Sie das vorher Gesagte ganz verstanden haben, dann wissen Sie auch, warum der Mensch keine Bitterkeit im Herzen tragen darf, egal was man ihm angetan hat: Jedes Mal, wenn wir an unser Unglück zurückdenken, jedes Mal, wenn wir im Jetzt wieder dieselben Leiden fühlen wie damals, schaffen wir diese Leiden wieder neu!

Wir sind in unseren Vorstellungen, die wir jetzt haben, in hohem Maße schöpferisch; wir schaffen uns unsere eigene Realität und unsere zukünftigen Lebensumstände.

Schlußfolgerung dieser Erkenntnis ist: »Weil ich gestern und vorgestern positiv gedacht habe – muß ich es fortsetzen, damit ich *jetzt* wieder etwas Positives bewirke!«

Es ist unwirksam zu sagen, ab morgen denke ich positiver über meine Zukunft. Das einzige, was zählt, ist der jetzige Augenblick. Da dieses Jetzt uns ständig begleitet, heißt es also, die Gedanken in jedem Augenblick darauf zu richten, was positiv und erwünscht ist.

In welchem Verhältnis steht das Im-Jetzt-Leben zu den anderen sechs Punkten?

Persönliche Verantwortung

Ich weiß, daß es nur einen Augenblick gibt, in dem ich durch positives Denken etwas bewirken kann, und dieser Augenblick ist das Jetzt!

Es liegt in meiner persönlichen Verantwortung, immer wieder dafür zu sorgen, daß ich in jedem Augenblick meine positive, zuversichtliche Einstellung im Hinblick auf meine Ziele beibehalte. Niemand anders kann jetzt irgend etwas für mich tun – nur ich selbst.

Offene Kommunikation

Ich verschiebe meine offenen Gespräche nicht auf später, sondern ich sorge jetzt dafür, daß mein Denken und Fühlen und meine Worte miteinander in Einklang stehen.

Ich habe jetzt die Möglichkeit, durch offene Kommunikation dafür zu sorgen, daß ich keine Mißverständnisse mit anderen Menschen mehr aufkommen lasse, weil ich jetzt klar sage, was ich denke.

Sorgfältige Zielformulierung

Jetzt ist der Augenblick, in dem ich meine Ziele genau beschreiben und präzise formulieren kann.

Ich verschiebe die sorgfältige Zielformulierung nicht auf später, sondern ich überlege immer sofort, wie das Ziel konkret aussieht und welche Verwirklichung ich mir vorstelle.

Immer, wenn ich merke, daß ich mein Ziel nicht genau kenne, ziehe ich mich zurück und kläre diesen Punkt sofort – jetzt.

Imagination und Fantasie

Ich weiß, daß ich jetzt meine Zukunft gestalte durch den Inhalt meiner jetzigen Fantasie und Vorstellungen.

Jetzt ist die Zeit, meine inneren Bilder mit meinen Zielen in Einklang zu bringen, und jetzt ist der Augenblick, in dem ich meine Übungen machen muß, um mein Unterbewußtsein regelmäßig mit den gewünschten Bildern und Vorstellungen zu versorgen, damit meine Ziele sich in meinem Leben manifestieren können.

Tatkraft und Ausdauer

Ich bin bereit, jetzt das Nötige zu tun, um etwas Förderliches im Hinblick auf meine Ziele zu erreichen.

Ich weiß, daß es nicht ausreicht, wenn ich mir vornehme, in der Zukunft aktiv zu werden, sondern daß es darauf ankommt, jetzt etwas zu tun.

Wenn ich einer Schwierigkeit begegne, dann werde ich sofort – jetzt – die Ausdauer an den Tag legen, die den endgültigen Erfolg sicherstellt.

Im Jetzt leben

Die einzig wirksame Kraft für eine Veränderung geht vom *Jetzt* aus! Jetzt übermittle ich meinem Unterbewußtsein nur Gedanken und Vorstellungen, die förderlich für mich sind.

Ich lebe bewußt im heutigen Tag und schließe das tote Gestern und das ungeborene Morgen mit all den bereits vergangenen Negativerfahrungen und den Befürchtungen und negativen Vorahnungen aus meinem Denken und Fühlen aus.

Ich achte in jedem Augenblick darauf, jetzt positiv zu denken und die Möglichkeiten in meinen Lebensumständen zu sehen.

Völliges Vertrauen

Ich weiß, daß ich ein geistiges Gesetz anwende, wenn ich mir meine Ziele, die ich noch erreichen will, *jetzt* als bereits verwirklicht vorstelle.

Ich lasse mich nicht davon abbringen, dieses Gesetz bewußt anzuwenden, egal was andere Menschen davon halten.

Ich weiß, daß eine Situation, die ich *jetzt* in mein Unterbewußtsein als Wirklichkeit einpräge, in meinem Leben Gestalt annehmen muß, wenn ich völlig darauf vertraue.

Das völlige Vertrauen auf die unbegrenzten Fähigkeiten der kosmischen Intelligenz in mir macht mich *jetzt* frei von allen Begrenzungen und allen Zweifeln.

Völliges Vertrauen

> Völliges Vertrauen heißt, ohne Zweifel glauben, daß der Inhalt meines eigenen Denkens und Glaubens von der kosmischen Intelligenz verwirklicht wird.

Was bedeutet dieser Punkt?

Der eigene Glaube daran, daß was ich denke, fühle und mir in meiner Fantasie vorstelle, Wirklichkeit wird, ist wichtiger als der Gedanke selbst.

Aber: In der heutigen Zeit, in der Zweifel über alles und jedes Normalzustand ist, scheint es echter Hohn zu sein, wenn wir sagen, wir sollten völlig vertrauen! Der Durchschnittsmensch ist voller Zweifel und Angst. Er fühlt sich als Spielball höherer Kräfte, die er nicht durchschaut, und denen er sich hilflos ausgeliefert fühlt. Er rechnet jederzeit damit, daß irgend jemand versucht, ihm zu schaden oder ihm etwas Negatives anzutun.

Dieser Geisteszustand des ewigen Zweifels und der Erwartung des Bösen führt dazu, daß solche Ereignisse im Leben dieses Menschen tatsächlich vorherrschen!

Was der Mensch im Innersten denkt, das wird er erleben:
Diese Aussage ist schon einige Jahrtausende alt. Doch viele Menschen, auch die ernsthaft auf dem Wege zum positiven Leben durch positives Denken sind, werden häufig von mangelndem Vertrauen heimgesucht.

Woran sollen wir glauben, beziehungsweise worauf soll sich unser völliges Vertrauen begründen? – Auf folgende zwei Bereiche:
- Vertrauen Sie vollkommen auf das Gesetz, daß eine Vorstellung, an der Sie festhalten, sich verwirklichen muß, egal, wie im Augenblick die Realität zu sein scheint.
- Vertrauen Sie auf eine kosmische Intelligenz in Ihnen selbst, die nur Gutes verursachen kann und die Sie durch Ihr Denken, Fühlen und Glauben in Ihrem Leben zum Einsatz bringen können.

Alle Menschen wünschen sich einen Freund, der alles weiß und ihnen hilft, wenn sie selbst nicht mehr weiter wissen. Alle Menschen suchen diesen Freund in ihrer Umgebung und in ihrem Freundeskreis. Es gibt aber nur einen Ort, wo dieser allwissende Ratgeber und Führer sich verborgen hält: in jedem Menschen selbst!

Gott hat allen Menschen das Wissen zugänglich gemacht, welches sie für ein erfolgreiches und positives Leben benötigen. Es offenbart sich jedoch nur jenen Menschen, die ohne Zweifel glauben und die völliges Vertrauen in die Hilfe der kosmischen Intelligenz setzen beim Versuch, ihre Ziele zu erreichen.

In welchem Verhältnis steht völliges Vertrauen zu den anderen sechs Punkten?

Persönliche Verantwortung

Angst und Zweifel sind die größte Seuche der heutigen Zeit. Ich bin nicht gezwungen, diese Gefühlszustände hilflos zu ertragen, sondern ich habe die Kraft in mir, mich darüber zu erheben und positiv in die Zukunft zu schauen.

Diese Aufgabe kann mir niemand abnehmen, sondern ich selbst habe die persönliche Verantwortung dafür, diese Kräfte in mir immer wieder zu wecken und zu aktivieren.

Ich vertraue völlig darauf, daß meine persönlichen Fähigkeiten stärker und größer sind als jedes Problem, mit dem ich konfrontiert werde.

Offene Kommunikation

Ich weiß, daß ich nur durch offene Kommunikation das Vertrauen meiner Gesprächspartner gewinnen kann und wirklich hilfreiche Gespräche mit den Menschen führen kann, die mir wichtig sind und mit denen ich zusammen bin.

Ich vertraue völlig darauf, daß mir die richtigen Worte zur Lösung jedes Kommunikationsproblems einfallen werden, wenn ich es wirklich will.

Ich bin in der Lage, auch die schwierigsten Gespräche mit den schwierigsten Menschen zu einem harmonischen oder zumindest zufriedenstellenden Ende zu bringen.

Sorgfältige Zielformulierung

Ich vertraue völlig darauf, daß ich alle Ziele, die ich mir setze, erreiche.

Ich weiß, daß ich bereits im Augenblick, in dem ein Wunsch in mir entsteht, die Möglichkeiten zur Realisierung latent in mir habe.

Ich formuliere deshalb meine Ziele, ohne mir in meinen Fähigkeiten Schranken aufzuerlegen, und vertraue auf mich selbst, daß mir alles Nötige zur Zielerreichung einfallen wird.

Imagination und Fantasie

Da ich weiß, daß alle Weisen der Menschheitsgeschichte gesagt haben, daß die gezielt eingesetzte Fantasie und Vorstellungskraft die sicherste Methode zur Zielerreichung ist, setze ich diese Methode regelmäßig jeden Tag in völligem Vertrauen auf einen erfolgreichen Ausgang ein.

Gerade das völlige Vertrauen darauf, daß diese Methode funktioniert, ist ein wesentlicher Faktor zur Zielerreichung.

Tatkraft und Ausdauer

Immer wenn ich mir klare Ziele gesetzt habe und an die Arbeit gehe, weiß ich, daß ich völlig darauf vertrauen kann, daß mein Einsatz von Erfolg gekrönt sein wird.

Ich vertraue darauf, daß mich meine Tatkraft und Ausdauer unbedingt zu einem endgültigen Erfolg führen werden, wenn ich alles beachte, was zum POSITIV-System gehört.

Ich vertraue völlig darauf, daß ein möglicherweise auftretender Rückschlag nur ein Umweg ist, der die Erreichung des Ziels nicht verhindert.

Im Jetzt leben

Ich weiß, daß mich meine negativen Gedanken der Vergangenheit jetzt nicht mehr negativ beeinflussen können, wenn ich im Jetzt voller Vertrauen an das Gute glaube.

Ich kann mich völlig darauf verlassen, daß ich durch mein jetziges Denken und Fühlen alle schädlichen Wirkungen meines früheren Denkens und Glaubens auflösen und unwirksam machen kann.

Negative Ängste und Befürchtungen, die ich im Hinblick auf meine Zukunft hatte, sind nicht mehr wirksam, wenn ich ab jetzt völliges Vertrauen in eine positive Gegenwart und Zukunft habe.

Völliges Vertrauen

Ich weiß, daß die Beibehaltung des völligen Vertrauens keine oberflächliche Schönfärberei ist, sondern daß ich damit einen wesentlichen Faktor bei der Verwirklichung meiner positiven Ziele zum Einsatz bringe.

Ich vertraue völlig darauf, daß ein Ziel, welches ich mir bildlich als bereits verwirklicht vorstelle, durch mein Vertrauen in die Allmacht der kosmischen Intelligenz Wirklichkeit werden muß.

Ich vertraue völlig auf die Methode, auf das Gesetz des Geistes und auf die unerschöpfliche Kraft in mir.

Teil 3

Checklisten

Checkliste 0: Das POSITIV-System

Wenn eine Schwierigkeit bei der praktischen Anwendung des positiven Denkens auftritt, so liegt es fast immer daran, daß einer oder mehrere der folgenden sieben Punkte nicht beachtet wurden.
  Prüfe jeden Punkt und Du weißt, wo Du ansetzen mußt!

Worin besteht das Problem oder die Schwierigkeit?

Habe ich in allem, was dieses Problem und seine Lösung betrifft,
P = Persönliche Verantwortung übernommen?

O = Offene Kommunikation gepflegt?

S = Sorgfältige Zielformulierung vorgenommen?

I = Imagination und Fantasie eingesetzt?

T = Tatkraft und Ausdauer bewiesen?

I = Im Jetzt gelebt?

V = Völliges Vertrauen gehabt?

Beim Prüfen dieser Fragen hat sich folgender Schwachpunkt ergeben, den ich *jetzt* verbessern werde:

Folgende Maßnahmen ergreife ich *jetzt*, damit ich den endgültigen Erfolg, nämlich die Verwirklichung meines Zieles, erreiche:

Checkliste 1 : Persönliche Verantwortung

Die persönliche Verantwortung ist von grundlegender Bedeutung beim positiven Denken.

Ich prüfe meine Einstellung dazu anhand der folgenden Fragen. Auf diese Weise erkenne ich, wo ich ansetzen muß, um mich in diesem Punkt zu verbessern!

Worin besteht das Problem oder die Schwierigkeit?

Habe ich in allem, was dieses Problem und seine Lösung betrifft,

- alles getan, was in meinen Möglichkeiten steht?

- vermieden, anderen Menschen die Schuld an meiner Situation zu geben?

- mich daran erinnert, daß alles was mir geschieht, von innen nach außen wirkt?

- selbst immer auf meine Möglichkeiten statt auf meine »Grenzen« geschaut?

- jedesmal, wenn ein negativer Gedanke auftauchte, diesen durch einen positiven Gedanken ersetzt?

- dafür gesorgt, daß ich mir immer über die kosmischen Kräfte in mir bewußt bin, die ich durch meine Gedanken zum Einsatz bringe?

- jederzeit Bücher und Texte über positive Möglichkeiten greifbar, die mir Anregungen geben können, die mir weiterhelfen?

Beim Prüfen dieser Fragen hat sich folgender Schwachpunkt ergeben, den ich *jetzt* verbessern werde:

Folgende Maßnahmen ergreife ich *jetzt*, damit ich den endgültigen Erfolg, nämlich die Verwirklichung meines Zieles, erreiche:

Checkliste 2 : Offene Kommunikation

Eine Kommunikation, die nicht mit den innersten Gedanken und Gefühlen übereinstimmt, führt zu Problemen, weil immer das wirkt, was in uns ist.

Ich prüfe meine Kommunikation anhand der folgenden Fragen und erkenne dadurch, wo ich ansetzen muß, um mich in diesem Punkt zu verbessern!

Worin besteht das Problem oder die Schwierigkeit?

Habe ich in allem, was dieses Problem und seine Lösung betrifft,

– selbst dafür die Verantwortung übernommen, daß ich offene Gespräche führe?

– immer das gesagt, was ich wirklich denke, so daß der andere weiß, woran er ist?

– genau festgestellt, daß die Menschen, die mir bei meiner Zielerreichung helfen sollen, dies auch wirklich wollen?

– meine Gespräche im Hinblick auf das angestrebte Ziel immer voller Zuversicht darüber geführt, daß ich es erreichen werde?

– mich aktiv und ausdauernd so lange um eine offene Kommunikation bemüht, bis diese auch stattgefunden hat?

– jedes Gespräch über ein mögliches Mißlingen meines Zieles unterlassen?

Beim Prüfen dieser Fragen hat sich folgender Schwachpunkt ergeben, den ich *jetzt* verbessern will:

Folgende Maßnahmen ergreife ich *jetzt*, damit ich den endgültigen Erfolg, nämlich die Verwirklichung meines Zieles, erreiche:

Checkliste 3 : Sorgfältige Zielformulierung

Das Unterbewußtsein braucht eine präzise Zielvorgabe, damit die kosmischen Kräfte in uns wirksam werden können.

Ich prüfe meine Zielformulierung anhand der folgenden Fragen und erkenne dadurch, wo ich ansetzen muß, um mich in diesem Punkt zu verbessern!

Worin besteht das Problem oder die Schwierigkeit?

Habe ich in allem, was dieses Problem und seine Lösung betrifft,

– selbst das angestrebte Ziel formuliert, statt es mir von anderen Menschen vorschreiben zu lassen?

– darauf geachtet, daß mein Ziel mit meinen innersten Wünschen und Neigungen übereinstimmt?

– das Ziel formuliert im Bewußtsein, daß ich erreichen werde, was ich mir vorstellen kann, ohne mir Schranken aufzuerlegen?

– mein Ziel als bereits verwirklicht formuliert und die Freude über die bereits erfolgte Verwirklichung zum Ausdruck gebracht?

– mir bei hohen Zielen, die eine gewisse Zeit zur Erfüllung benötigen, genügend Zwischenziele gesetzt, um Erfolgserlebnisse zu sammeln?

Beim Prüfen dieser Fragen hat sich folgender Schwachpunkt ergeben, den ich *jetzt* verbessern werde:

Folgende Maßnahmen ergreife ich *jetzt*, damit ich den endgültigen Erfolg, nämlich die Verwirklichung meines Zieles, erreiche:

Checkliste 4 : Imagination und Fantasie

Am sichersten verwirklicht die kosmische Energie in uns bildhafte Vorstellungen unserer Fantasie.

Ich prüfe meine Arbeit mit der Imagination und Fantasie anhand der folgenden Fragen und erkenne dadurch, wo ich ansetzen muß, um mich in diesem Punkt zu verbessern!

Worin besteht das Problem oder die Schwierigkeit?

Habe ich in allem, was dieses Problem und seine Lösung betrifft,

- täglich meine Übungen in kreativer Vorstellungskraft vorgenommen?

- mich regelmäßig in meiner Fantasie bereits am Ziel, in der Situation, die ich mir wünsche, gesehen?

- daran gedacht, auch außerhalb meiner Übungen jeden negativen Gedanken durch eine positive Vorstellung zu ersetzen?

- mir verdeutlicht, warum diese Übungen so wichtig sind und dementsprechend durchgehalten?

- bevor ich mit der Visualisierung beginne, dafür gesorgt, daß ich in einen Entspannungszustand komme?

Beim Prüfen dieser Fragen hat sich folgender Schwachpunkt ergeben, den ich *jetzt* verbessern werde:

Folgende Maßnahmen ergreife ich *jetzt*, damit ich den endgültigen Erfolg, nämlich die Verwirklichung meines Zieles, erreiche:

Checkliste 5 : Tatkraft und Ausdauer

Wir erreichen unsere Ziele selten, wenn wir die Hände in den Schoß legen und nur abwarten.
   Ich prüfe meine Aktivität und Ausdauer anhand der folgenden Fragen und erkenne dadurch, wo ich ansetzen muß, um mich in diesem Punkt zu verbessern!

Worin besteht das Problem oder die Schwierigkeit?

Habe ich in allem, was dieses Problem und seine Lösung betrifft,

– genau geprüft, was ich Sinnvolles tun kann, um die Erreichung meines Zieles zu fördern?

– getan, was ich mir vorgenommen habe?

– bei Schwierigkeiten oder Rückschlägen weitergemacht und nicht aufgegeben?

– mir bewußt gemacht, daß ein Rückschlag nur einen Umweg und keine endgültige Niederlage darstellt?

– immer daran gedacht, daß das Ziel erst dann erreicht ist, wenn ich so lange durchhalte, bis mein Wunsch verwirklicht ist?

Beim Prüfen dieser Fragen hat sich folgender Schwachpunkt ergeben, den ich *jetzt* verbessern werde:

Folgende Maßnahmen ergreife ich *jetzt*, damit ich den endgültigen Erfolg, nämlich die Verwirklichung meines Zieles, erreiche:

Checkliste 6 : Im Jetzt leben

Die Vergangenheit ist vorbei und kommt nicht wieder, die Zukunft ist weit entfernt und ungewiß. Das Einzige, was wirklich zählt, ist das Jetzt.
Ich prüfe mein bewußtes »Im-Jetzt-Leben« anhand der folgenden Fragen und erkenne dadurch, wo ich ansetzen muß, um mich in diesem Punkt zu verbessern!

Worin besteht das Problem oder die Schwierigkeit?

Habe ich in allem, was dieses Problem und seine Lösung betrifft,

– die zentrale Bedeutung des jetzigen Augenblicks für alle meine zukünftigen Erlebnisse erkannt?

– dafür gesorgt, daß ich in meinen Gedanken und Gefühlen im heutigen Tag verweile und nicht immer wieder die alten Probleme der Vergangenheit neu denke und fühle?

– alle Sorgen und Befürchtungen, die die Zukunft betreffen, unterlassen und mich auf das Heute konzentriert?

– mir bewußt gemacht, daß ich heute bereits meine Ziele als verwirklicht fühlen muß, um die kosmische Kraft zu aktivieren?

– meine Gedanken und Gefühle jeweils im gegenwärtigen Augenblick – jetzt – im Griff?

Beim Prüfen dieser Fragen hat sich folgender Schwachpunkt ergeben, den ich *jetzt* verbessern werde:

Folgende Maßnahmen ergreife ich *jetzt,* damit ich den endgültigen Erfolg, nämlich die Verwirklichung meines Zieles, erreiche:

Checkliste 7 : Völliges Vertrauen

Ich weiß, daß völliges Vertrauen in allen Situationen wesentlich zur Zielerreichung beiträgt.

Ich prüfe mein völliges Vertrauen anhand der folgenden Fragen und erkenne dadurch, wo ich ansetzen muß, um mich in diesem Punkt zu verbessern!

Worin besteht das Problem oder die Schwierigkeit?

Habe ich in allem, was dieses Problem und seine Lösung betrifft,

– immer ohne zu zweifeln an die Erreichung meines Zieles geglaubt?

– nie Ängste darüber gehabt, ob ich es wohl schaffe, mein Ziel zu erreichen?

– jedesmal, wenn Angst und Zweifel aufkamen, sofort dafür gesorgt, daß ich wieder in den Zustand des völligen Vertrauens komme?

– mir bewußt gemacht, was mit dem Begriff »völliges Vertrauen« überhaupt gemeint ist?

– als religiöser Mensch darauf vertraut, daß nur Gutes von Gott zu mir kommen kann und das Böse durch positives Denken aufgelöst wird?

– begriffen, daß ich mit dem POSITIV-System die neuesten Erkenntnisse des Lebens-aus-dem-Geiste anwende und daß ich völlig auf die Richtigkeit dieser Prinzipien vertrauen kann?

Beim Prüfen dieser Fragen hat sich folgender Schwachpunkt ergeben, den ich *jetzt* verbessern werde:

Folgende Maßnahmen ergreife ich *jetzt*, damit ich den endgültigen Erfolg, nämlich die Verwirklichung meines Zieles, erreiche:

> Täglich üben ist
> der sicherste Weg
> zum Erfolg.

Wie soll man mit dem POSITIV-System arbeiten?

Wer bis hierher gelesen hat, wird für sich persönlich bereits erkannt haben, wie er das POSITIV-System in seinem täglichen Bemühen um ein positives Leben durch positives Denken unterstützend einsetzen kann. Ich selbst beschäftige mich in regelmäßigen Abständen mit der Lektüre des Gesamt-Systems. Auf diese Weise gehe ich sicher, daß ich die wesentlichen Dinge nicht vergessen kann, sondern immer wieder an die sieben Punkte und Voraussetzungen für den Erfolg durch positives Denken erinnert werde.

Da ich bereits seit Jahren mit diesem System arbeite, beschäftige ich mich, besonders bei auftretenden Problemen, mit den Checklisten. Wer in Schwierigkeiten steckt und die Checklisten durchliest, wird sehr schnell merken, in welchem Bereich er seinen Fehlern oder Versäumnissen hauptsächlich entgegenwirken muß.

Besonders möchte ich auf die Bedeutung der Ausdauer – auch bei der Anwendung des POSITIV-Systems – hinweisen. Wer zu früh aufgibt, wird seine Ziele nicht erreichen, das ist in allen Lebensbereichen so.

Wer jedoch immer wieder Durchhaltevermögen beweist, wer niemals aufgibt, egal, wie die augenblickliche Situation aussieht, der wird sein Ziel erreichen.

Als wichtige Ergänzung zum POSITIV-System sind Bücher über positives Denken und verwandte Bereiche anzusehen.

Das POSITIV-System informiert bewußt knapp über die grundlegenden Dinge des positiven Denkens. Deshalb sollte jeder Leser, der mehr über die Hintergründe wissen möchte, weitere Bücher lesen, wenn er sich über einzelne Teilbereiche des POSITIV-Systems näher informieren will.

Das POSITIV-System ist als Leitfaden gedacht, um das Wesentliche nicht aus den Augen zu verlieren, um in der Fülle der Methoden und Meinungen nicht die Orientierung zu verlieren.

Anhang

Manfred Czierwitzki ist ein beliebter Sprecher zu allen Themen aus dem Bereich der Bewußtseinserweiterung. Er sprach in den letzten Jahren bereits in über 800 Vortragsveranstaltungen vor Tausenden von Menschen.

Seine Sprechweise ist intuitiv und seine besondere Stärke liegt darin, selbst komplizierte Zusammenhänge mit einfachen Worten für jeden klar verständlich zu beschreiben.

Sein reicher Erfahrungsschatz versetzt ihn in die Lage, Veranstaltungen sowohl zu beruflich-geschäftlichen wie auch zu privatpersönlichen Themen aller Art frei, ohne vorbereitetes Manuskript, zu leiten.

Neben seiner wöchentlichen Vortragsreihe in der Universität Hamburg hält Manfred Czierwitzki Vorträge und Workshops in Firmen, Gruppen und Organisationen aller Art. Außerdem führt er Beratungen und Einzel- bzw. Gruppen-Coaching von Führungskräften durch.

Bei Interesse nehmen Sie bitte Kontakt auf unter:

Manfred Czierwitzki
mc International
Glockengießerwall 26
D-2000 Hamburg 1
Telefon 0 40 / 30 10 41 11
Fax 0 40 / 30 10 42 99

Hier erhalten sie auch eine aktuelle Bestell-Liste des über 100 Titel umfassenden Vortrags-Cassetten-Angebotes sowie der weiteren Bücher und Schriften von Manfred Czierwitzki.

Literaturempfehlungen

Die folgenden Titel sind ein kleiner Ausschnitt aus der Fülle der angebotenen Literatur. Sie geben Aufschluß über Fragen, die bei der Arbeit mit dem POSITIV-System auftreten können.

Autor und Titel	P	O	S	I	T	I	V
Bach/Wyden							
– Streiten verbindet		x					
Frank Bettger							
– Lebe begeistert und gewinne	x	x			x		
Dale Carnegie							
– Sorge Dich nicht, lebe	x	x	x	x	x	x	x
Emil Coué							
– Die Selbstbemeisterung durch bewußte Autosuggestion	x	x	x	x	x	x	x
Roy Eugene Davis							
– So kannst Du Deine Träume verwirklichen				x			
– Entfalte Dein inneres Potential	x	x	x	x	x	x	x
Thorwald Dethlefsen							
– Schicksal als Chance	x	x	x	x	x	x	x
Dr. Wayne W. Dyer							
– Das Glück der positiven Erziehung*	x	x	x	x	x	x	
– Führen Sie in Ihrem Leben selbst Regie* (und alle anderen Veröffentlichungen)	x	x	x	x	x	x	

Autor und Titel	\multicolumn{7}{c}{Besonders geeignet zu}
	P	O	S	I	T	I	V
Erhard E. Freitag							
– Kraftzentrale Unterbewußtsein	x	x	x	x	x	x	x
– Hilfe aus dem Unterbewußtsein	x	x	x	x	x	x	x
Shakti Gawain							
– Stell Dir vor				x			
Napoleon Hill							
– Denke nach und werde reich	x		x		x		
Raymond Hull							
– Alles ist erreichbar	x	x	x		x		
Prentice Mulford							
– Unfug des Lebens und des Sterbens	x	x	x	x	x	x	x
Dr. Josef Murphy							
– Die Macht Ihres Unterbewußtseins (und alle anderen Bücher)	x			x			x
Norman Vincent Peale							
– Die Kraft positiven Denkens**	x	x	x	x	x	x	x
– So hilft positive Fantasie				x			
– Was Begeisterung vermag	x	x	x	x	x	x	x
– Das Ja zum Leben	x	x	x	x	x	x	x
Catherine Ponder							
– Das Wohlstandsgeheimnis aller Zeiten							x
Jane Roberts							
– Die Natur der persönlichen Realität	x	x	x	x	x	x	x

Autor und Titel	Besonders geeignet zu						
	P	O	S	I	T	I	V
Robert H. Schuller							
– Harte Zeiten – Sie stehen sie durch	x	x	x	x	x	x	x
– Der Weg zur inneren Ruhe*	x	x	x	x	x	x	x
José Silva							
– Silva Mind Control				x			
W. Clement Stone							
– Erfolg durch positives Denken	x		x		x		
– Der unfehlbare Weg zum Erfolg*	x		x	x			
Dr. Mahasura Taniguchi							
– Leben aus dem Geiste	x	x	x	x	x	x	x

* Diese Titel sind in der Reihe *mvg-Paperbacks* erschienen.

** Die Toncassetten-Ausgabe hierzu gibt es im mvg-Verlag unter dem gleichen Titel (1 Toncassette mit Begleitbuch). Die deutsche Original-Buchausgabe wurde vom Verlag Oesch AG, Zürich, veröffentlicht.

Sounds auf CD
Entspannen Sie sich, und finden Sie innere Ruhe und Harmonie!

Wings
Musik zum
Entspannen
und Träumen
Gomer Edwin Evans
CD, ca. 40 Minuten
ISBN 3-478-08914-X

Nature Sounds
CD, ca. 45 Minuten
ISBN 3-478-06009-5

Relax Sounds
CD, ca. 45 Minuten
ISBN 3-478-06039-7

Fantasy Sounds
CD, ca. 50 Minuten
ISBN 3-478-06059-1

Erhältlich in Ihrer Buchhandlung

Melodien zum Entspannen und Träumen
Nikolaus B. Enkelmann
CD, ca. 60 Minuten
ISBN 3-478-08907-7

Driftin' Mood
Markus Himmelreich
CD, ca. 50 Minuten
ISBN 3-478-08913-1

Die Reise nach Innen
Sidh F. Tepperwein
CD, ca. 60 Minuten
ISBN 3-478-08915-8

Postfach 45 04 41 · 80904 München

Mit System zum Erfolg!

Nikolaus B. Enkelmann gilt als einer der bekanntesten Erfolgs-Trainer. Seit mehr als 30 Jahren gibt er den Teilnehmern seiner Persönlichkeitsseminare Hilfestellungen für den Weg zu Glück und Erfolg.

Für alle, die mehr in ihrem Leben erreichen wollen, bietet die Moderne Verlagsgesellschaft jedes Halbjahr ein großes Wochenendseminar mit Nikolaus B. Enkelmann an.

Erfolgsratgeber von Nikolaus B. Enkelmann:

Mit Freude erfolgreich sein
Motivieren – Begeistern – Überzeugen
Arbeitsbuch zur Persönlichkeitsbildung
ISBN 3-478-07082-1

Mit Freude leben
Der Weg zu Glück und Erfolg
Arbeitsbuch zur Persönlichkeitsbildung
ISBN 3-478-07210-7

Toncassetten mit Arbeitsbuch
Nikolaus B. Enkelmann
Jeweils eine 48-Seiten-Broschüre
und eine Toncassette
ca. 40 Minuten

Ich werde ruhig und schlafe ein
ISBN 3-478-06960-2

Werde Herr Deiner Zeit
ISBN 3-478-06970-X

Glück kommt von „gelingen"
ISBN 3-478-06980-7

Postfach 45 04 41 · 80904 München